U0571042

我的
"七年之痒"
一位班主任的心路历程

俞艳君◎著

中国出版集团　现代出版社

图书在版编目(CIP)数据

我的"七年之痒"：一位班主任的心路历程 / 俞艳
君著. — 北京：现代出版社，2020.6
ISBN 978-7-5143-8711-7

Ⅰ.①我… Ⅱ.①俞… Ⅲ.①中小学—班主任工作
Ⅳ.①G635.16

中国版本图书馆CIP数据核字（2020）第110359号

我的"七年之痒"：一位班主任的心路历程

作　　者	俞艳君	
责任编辑	窦艳秋	
出版发行	现代出版社	
地　　址	北京市安定门外安华里504号	
邮政编码	100011	
电　　话	010-64267325　64245264	
网　　址	www.1980xd.com	
电子邮箱	xiandai@cnpitc.com.cn	
印　　制	北京政采印刷服务有限公司	
开　　本	710mm×1000mm　1/16	
印　　张	13	
字　　数	203千	
版　　次	2022年6月第1版　　2022年6月第1次印刷	
书　　号	ISBN 978-7-5143-8711-7	
定　　价	45.00元	

版权所有，翻印必究；未经许可，不得转载

序 言

PREFACE

每个人心里都住着一个小强

（代序）

有点空闲，在手机上看看各所学校的微信公众号，一眼看到汉浦中学在开展师徒结对活动。我心里一动，艳君这个学期不是从石牌中学调到汉浦中学了吗？于是点开看，艳君作为师父的代表发言的照片一下子跳到我的眼前。

她的声音一定是很响亮的，她的态度一定是非常郑重的。我心里这样想着。嘴角不由得上扬微笑起来。

她的变化太大了！

四年前，"于洁工作室"招收第二批成员，作为工作室的主持人，我依然尽量把工作室成员的名额向农村学校倾斜，希望带动更多的农村班主任的发展。艳君所在的石牌中学德育处主任向我推荐了惠琴和艳君，后来才知道艳君是看到惠琴想要报名参加，才一起跟着的。

她站在我面前，个子小小的，仿佛中学生一样。我心里打着鼓，她怯怯的样子能做到教育教学和工作室事务两不误吗？

既然进了工作室，我这个主持人的鞭子就扬起来了。

每月交给我一篇1200字的教育叙事，每个人积累素材，用5分钟的时间向我讲述自己最拿手的一项班级管理。艳君讲述的时候表现得非常不自信，却被我发现她是个有心人，在班级卫生管理上下了很多功夫，保留了很多原始资料。

1

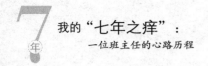
"她是个能够一心一意坚持的人。我看好她。"我心里说，"响鼓要用重锤敲，她的底气不足，我要让她没有退路，逼她往前。"

"昆山市新教师培训即将开始，我要在你们几个中挑选6个人为新教师们讲一讲班级管理小妙招，×××，××××，×××，××，×××，俞艳君。你们6个人做好准备。每人10分钟，回去后好好修改课件，做好充分准备。"

艳君的眼中慌乱一片，与其他几个被我点到名的成员的兴奋激动截然不同。

那一天，她被我安排第一个上台，我告诉她："你开头炮一定要打响，没有退路了，一定要豁出去。"

她站在高高的台上，我站在台下，清晰地看到她全身瑟瑟发抖，她几乎是用咬牙切齿的发音才控制住自己颤抖的声音，她像颗钉子一样死死地定在原地，一手拿着翻页笔，一手捏紧了拳头。

她终于坚持下来了，声音是响亮的，口齿是清晰的，她的分享得到了新教师们热烈的掌声。走下舞台后，她终于停止发抖，用胆怯的眼神看向我，征询着我的态度，我对她使劲点点头，向她竖起了大拇指。她喜悦地笑了，小声告诉我："刚才在台上自己浑身都在发抖。"我说："我看到了，但是你坚持下来了，这一关过了，以后就没啥可怕的了。"

我能想象她在上台前的那些个夜晚是怎样一遍又一遍试讲的。她小小的身体里住着怎样一个强大的自己，她从前不知道。在写给我的一封信中她说自己从小到大都不是那种很出色、优秀的人，这导致她自信不足，怯懦有余。现在她终于看到了那个"破釜沉舟"的自己。

原来，自己可以如此优秀。

如今，每次新教师培训，艳君都是打头阵的将军。我把开头炮让她放，我心里是很笃定的，我知道她能行。

看到在舞台上镇定自若、娓娓而谈的艳君，我的内心感慨万分。人的脆弱和坚强都超乎自己的想象。有时候脆弱起来，一句话就泪流满面；有时候坚定起来，咬着牙也能走很远的路。

2019年上半年，艳君又遇到极大的挑战，在中考前夕，不仅要带三个初中班级的英语，还身兼班主任之职。不身受，是无法感同的。我自己曾经带三个班级的语文兼班主任三年，那种劳累到绝望的状态，一生难忘。我不知道艳君是如何撑下来的。有时候，工作室群里有成员在那里喊着忙和累，艳君似乎从来没有吱过声。

在我的徒弟中，优秀的很多，有的青春洋溢满脸自信，有的沉着老到有板有眼。艳君属于那种一眼看上去似乎很不起眼的，她从不咋咋呼呼，她不是特别爱说话，但她能给我一个小小的能量场，我知道只要交给她做的事情，她一定能很好地完成。我对她的信任感，来自她坚定的眼神，也来自我们师徒三年不用言说的默契。

有时候，我带工作室成员开展培训活动，台下乌压压的一片，让我担心场子会不会失去控制，于是趁着成员们在台上分享带班心得时，我总会全场走动查看观众们是否在认真听讲，然后再赶紧跑上台继续主持，让下一个成员上场。每次两三个小时，总把自己搞得很劳累。每次走到休息室，艳君总是第一个站起来为我让座的人。她不说话，但她的心意我都明白。

师徒一场，是缘分，也是彼此的能量互补。艳君的成长，让我看到工作室给农村班主任搭建舞台后他们的珍惜，也看到自信如何让一个人变得闪闪发光，更看到其实每个人心里都住着一个打不死的小强。

如今，在新学校里，艳君也开始带徒弟了，这样真好！

每个人都发光，就能灿烂成满天星光。

于 洁

2019年9月8日夜

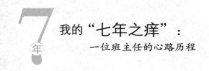

"七年之痒"的幸福

（自序）

大家好，我是俞老师，孩子们喜欢叫我塘主。2019年是我班主任之行的第七个年头。都说"七年之痒"，但回首过往，我会心一笑。我的"七年之痒"啊——养育的路上，一路欢欣，一路成长，彼此相携，仍如初见。

七年中，我的半亩鱼塘里，肥了一群又一群小鱼儿。

初次见面，我总会骄傲地开篇："这个鱼塘被我承包啦！"是的，我承包了他们的喜怒哀乐。

进步时，他们对我的粲然一笑，让我内心暖暖；

退步时，他们脸上的愁眉紧锁，让我绞尽脑汁。

两军对峙之时，看着握紧的拳头渐渐松弛，看着他们努力深呼吸控制着自己的情绪，我是欣慰的；

陷入无助之时，看见他迈开脚步走过去轻言细语，看见她默默无声递过去一张纸巾，我是感动的；

哪怕此时是垂头丧气，建设之后，带来彼时的雨过天晴，我是带泪而笑。

七年中，从未离弃，我和我的小鱼儿们始终在一起——

我们在一起，脚踏实地，仰望星空；

我们在一起，戒骄戒躁，永不放弃；

我们在一起，排山倒海，叱咤江湖。

我们在一起，追求梦想，共同成长，书写着我们的最幸福。

四届学生，七年之养。在本书中，一个个鲜活的案例记录着他们的成长足迹，也记载了我的喜怒哀乐；一篇篇班级管理之道凝聚着我的带班智慧，也渗透着我的矢志不渝；一位位成长路上的"贵人"给我指引着方向，也让我不再迷茫。在这里，要特别感谢我的师父于洁老师，因为有了她的不断鞭策和鼓励，才有了这本书。

半亩鱼塘一鉴开，天光云影共徘徊。问渠哪得爱如许，唯有不断用情来。

俞艳君

2019年8月

目　录
CONTENTS

① 第 一 辑
教育教学之伤

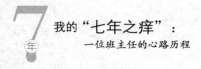

4 第四辑
教书育人之喜

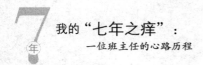
5 第五辑
班级管理之道

教育教学之伤

1

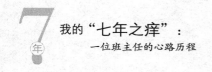

如果时光倒流

一封匿名信让小乐的故事浮出水面。信上只有一句话："老师，我不想和小乐做学习搭档。"信的主人顿时揭晓：小华，他是唯一与小乐搭档背书的人。我立刻找到他，询问情况。

小华直言不讳："大家都说小乐变成了'外星人'。"

我不解："怎么说？"

"这学期他像变了一个人。我们说话他都不理会，有时，还会莫名其妙地朝我们发火。"小华厌恶地撇撇嘴。

我找来几名班委，他们的说辞与小华大同小异。

"所以，你们觉得他没法跟'地球人'沟通？"我半开玩笑地问。

班长不好意思地说："老师，我知道给人起外号不对，可他真的像……"

"外星人。"我脑补出这三个字。它们在我脑海中盘旋不去。

在我的认知里，小乐一直是天真可爱的，总是微笑地和我打招呼，节日还会偷偷在我桌上放红笔、糖果和鸡蛋。他什么时候变成这样了？身为他的班主任和英语老师，我怎么一点也没看出来？难不成是"青春期"发作？眼看就要进入初三，这可了不得！

我赶紧联系小乐妈妈。原来，他的父母在寒假里分居了，他的妈妈回到四川老家工作。听了我反映的情况，小乐妈妈哽咽得说不出话。

所以，这是家庭变故导致孩子性情突变的典型案例？我决定有意识地关注小乐的一举一动，抓住每一个表达善意和温情的契机，期望他能尽快调整心态，至少不要让情况再恶化下去。

但我失败了。初二下学期，原本成绩中等的小乐步入学困生的行列，更加糟糕的是，他莫名的不安和愤怒愈演愈烈，怪异的举动频频发作。我隐隐地感到，他父母分居只怕是冰山一角。

事情的真相究竟如何呢？

不等我琢磨出"调查方案"，转机意外到来：因为终究舍不得孩子，小乐妈妈选择回归家庭。我松了一口气——等暑假过去，那个可爱的小乐也能回归了吧。

上帝听到了我的祈祷。初三开学的第一个月，小乐虽然没有恢复从前的活泼开朗，但神情已变得平和了许多。然而第二个月——我清晰地记得，那是第七周的周一，我刚下早自习就接到小乐妈妈的电话。

"老师，小乐最近怎么样啊？"小乐妈妈很焦急地问。我连忙安慰她，告诉她孩子在校一切正常。她平静了一些，断断续续地说出两个月来孩子在家的情况：动不动就和妈妈吵架，上周日他们又吵了，吵完后小乐离家出走了，他妈妈急得到处找小乐，直到晚上9点，才在家附近的桥洞里发现孩子蜷缩的身影……

10月的晚上，河边的风多凉啊，小乐宁愿冻得瑟瑟发抖也不肯回家？！我一想到他这幅情景，就揪心得难受。

"小乐妈妈，您再想想，孩子这样，是不是还有别的什么原因？"我委婉地说出一直以来的疑虑。

电话的那头顿住了，过了好一会儿，小乐妈妈才支支吾吾地说出了声……

放下电话，我朝班级奔去。直到我站在教室窗外，才稍稍定了神，慢慢消化刚才听到的内容。

原来小乐爸爸的脾气很不好，经常无缘无故地发火，有时甚至会不停歇地骂上几个小时。小乐妈妈忍了很多年，身心俱疲，这才分居远离，不想她终于为了孩子妥协后，居然发现小乐的表现简直同他爸爸如出一辙……我不得不开始考虑我极不愿意相信的一种可能——小乐不是受了他爸爸的影响，而是受到遗传；不是不想控制自己的情绪，而是根本控制不住自己；小乐妈妈之前的出走，不是小乐性情大变的原因，而是"病变"的诱因和导火索。

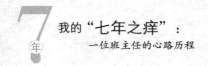

透过玻璃窗，我看到孩子们正在上数学课。这是小乐最喜欢的科目，他听得专注而入迷，偶尔心领神会地微笑，与他这半年来的表现判若两人。

下课了，我示意小乐跟我来办公室。他低着头，面部肌肉僵硬，不敢靠近，也不敢看我。我给他拿了凳子，他很顺从地坐下——正是犯了错误被抓现行的孩子应有的模样。

"早饭吃了吗？"我打破压抑的气氛。

"早上在家没来得及吃。"他很诚实，这也是他最大的优点。

"那你得早点起床哟，早饭对初三的你很重要。"我拿出给班级孩子日常备下的应急早餐饼。他双手接过，但没有吃。

"昨天晚上睡得太晚了，因为妈妈又和我吵架了。"说到"妈妈"，他明显变得不耐烦。

我马上追问："怎么又吵架了，上次不是答应过老师，以后要冷静处理吗？"

"老师，要中考了，我压力太大，就拿爸爸的手机玩会儿游戏解解压，可又被妈妈发现了，然后她就骂我，我们就吵了起来。"他的表情变得生动起来，尽管只流露出委屈。

我的心情也跟着变得轻松了一些。我告诉他，有压力是正常的，人人都会如此，但应该选择积极健康的解压方式，比如，读一本好书，听一首舒缓的歌曲，或者和亲朋好友一起散步聊天。最后，我提醒他：学习诚可贵，健康价更高，只有健康，才能收获快乐。这才是我最想传达给他的意念。

他一个劲地点头。离开的时候，他的脸上挂着微笑，就如我初见他时那样明媚而灿烂。

他走后，我拨通了他妈妈的电话，坦言说出我的疑虑，希望她慎重对待。她犹豫片刻后答应了。

从那天开始，小乐的面貌一日好似一日，我想是"双管齐下"终于起效，他渐渐放下心来，将全部精力投入中考备战中。

转眼离中考只剩一个多月的时间。这天，我正在办公室批作业，小乐突然喊报告进来。他急切地说："老师，我希望换座位！"

"为什么？"我很疑惑。

"因为我周围的人都敌视我。老师，上次您让我要学会调整自己的情绪，所以，我处处忍让，但是一直这样我会疯掉的。最近妈妈带我去看心理医生调整情绪，我感觉好多了，可是医生说我这是遗传的，可能不太容易好。"他几乎一口气地说完。

我让他喝口水，随后，慢条斯理地分析道："很高兴你能记着我的话。一个人一生中交个知心朋友不容易，同窗情谊尤其可贵。脾气虽然是遗传的，但是你能在我的影响下，有意识地尽力调整，使事情往好的方向发展，这很不错，要继续发扬。最近，我看你学习也更努力了，加油哟！"我有些夸张地举了举拳头。

他笑了，但还是坚持说："老师，我都明白，可我还是想换座位。"

我想了想，点头同意了他的要求。到了例行全班轮换座位的时间，小乐很激动，早早地把自己的桌椅搬到预定位置旁，嘴里不停地催促还坐在原位的同学："快点快点，这是我的座位，哈哈！"那名同学或许有些不情愿，动作很迟缓。小乐一下子急了，跑到讲台前，手指着我嚷嚷："他不是答应换座位吗？换座位，快让他换座位！"

没等我反应过来，附近一名男生先开了口："小乐，你怎么这么跟老师说话？"话音未落，小乐已经和那名男生扭打在一起。我赶忙冲过去拉架，却被直接甩了出来。好在班级最强壮的男生及时"补位"，硬生生地分开他们。随即，我把小乐带出教室。

小乐哭了，我从未见过他这么伤心，眼泪一个劲地流，好像长期以来的愤怒全部发泄出来后，只剩下茫然失措的空虚，而流泪是唯一可行的表达方式。我也只剩下唯一的应对方案——紧紧握住他的手，仿佛这样就能传递力量。或许是温暖的触觉起了作用，他努力止住抽噎声，喃喃道："老师，对不起，我没控制好情绪，没管住自己，对不起……"

一瞬间，我的眼睛和记忆一起变得模糊了。后来，小乐妈妈透露：孩子遵医嘱吃了一段时间的药，但最近忽然拒绝治疗了。我猛然记起小乐和我说过的一个关键词：压力。是的，病情的压力、中考的压力和同学间无处不见的备考气氛的压力，这"三座大山"齐齐压在一个十五岁孩子的背上，谁能忍心责备

5

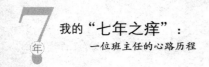

他扛不住？学校和教室本是他暂时忘却病苦、寻求安慰的最佳场所，但在这个特殊时期，谁有理由责备即将打响第一场命运之战的学子们呢？

如果时光倒流，我有没有办法力挽狂澜？或许没有，但我可以发现得更早一些，让小乐得到治疗的时间远在中考压力到来之前，那么小乐是不是就不会换座位，就不会控制不住地大打出手，就更不会哭得那样伤心？

时至今日，小乐初中毕业已有四年的时间，他母亲的手机号也早已变成空号，但我对自己的拷问可能一生都不会结束——

如果时光倒流……

我没错！

　　"小俊，你的物理作业呢？"一大早，物理老师跑进班里，把他叫住。他支支吾吾着，应该是没做，物理老师便把他叫进办公室。我赶紧跟过去。

　　小俊跟老师解释说："回家就找不着物理试卷了。""所以就有充分的'理由'不做？"我差点脱口而出。

　　物理老师拿出一张空白试卷，递给他，说了句："赶紧拿去补上，我记得你最近好几次物理作业都没有交了。"没想到，小俊像受了什么刺激似的，很生气地拽过试卷，发出很大的声响。

　　物理老师是一位有着二十多年工作经验的老教师，性格十分沉稳，见他这种态度，也并未计较，只是低头批改起了作业。

　　眼看小俊就要走出办公室，我再也忍不住了，说："小俊，你到我这里来。"他转身走到我跟前，手里抓着已经皱巴巴的试卷。

　　"小俊，你刚才怎么接试卷的？没有做作业补做一下，难道不对吗？"我有些生气地说。

　　"我上周物理作业都交的，可为什么说我几次没交作业？"他很委屈地说。

　　"物理老师说最近没交，'最近'就一定指上周吗？"我反问道。

　　他理屈词穷，不说话了。

　　"我希望你利用课间把作业补好，交给老师的时候给物理老师道个歉，好吗？"我话音刚落，早读课的铃声响起，我忙说道："早读课开始了，先去上课。记住我说的话。"

　　他说了句："知道了。"便跑开了。

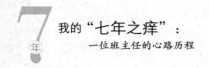

中午，我又把他叫到办公室，没想到他第一句话就是："我上周5天物理作业都是交了的，不信你可以问组长。是物理老师非要针对我。"他竟还是觉得老师冤枉了他。

"那你作业补好了吗？"我回归正题。

他不说话。"果然又是这样。"我暗暗地叹气。

"上周的物理作业你确实都做了，但是本月的物理作业确实有几次你没有做，物理老师没必要给你强加'罪名'。我们先把今天的事情解决。我怕课间教室里太吵了影响到你，所以，请你利用下课时间抓紧到我这里补作业，好吗？"我几乎是"哀求"的语气。

"知道了。"他转身离开。

我就这么等着，一直等到放学，他始终未再踏进办公室半步。等我从另一个班下了课去教室，发现他已悄悄溜走，只留下那个怒火中烧的我。

这似乎是一件小事，似乎不需要如此较真、小题大做。但若是这"小题"在一个人身上日日出、周周出、月月出，层出不穷，只怕不能等闲视之。小俊就是这样一个人。

小俊生得一副很机灵的样子，事实上，他也确实聪明，上课不怎么听，也能混个成绩中等，最大的"系统漏洞"就是经常不做回家作业，基本上每天至少有一门功课的记录单上有他的大名。即使做了回家作业，正确率也是相当低，书写还十分潦草。更让任课老师们崩溃的是叫他补作业——千呼万唤就是不出来。最夸张的一次，政治老师亲自上门"邀请"，走到半路，回头一看，他早没了人影。有时，好不容易"请"到了人，他却一脸茫然，让老师都怀疑是否自己记错了。老师若是因此批评他几句，他就怒气十足，眼神就像在说："都是你们的错，我只是忘了而已。"对于他这样的屡教不改，任课老师们怨声载道，却束手无策。

不仅如此，在和同学的相处上，他也有明显的问题：无论坐在什么位置，总是和周围的同学闹别扭，总觉得自己做什么都是对的；课堂上要求小组合作时，他喜欢让大家跟着他的思路走，谁不听从，他就面红耳赤，弄得大家不欢而散；每次轮到他值日时，他负责倒垃圾，一遇上垃圾袋弄坏等小事，他总会责怪同学们不配合他做值日，总觉得同学们故意给他使坏。然而一到放学，他总是溜得最快，生怕想起或被谁提醒做值日似的。这也让他们组的值日生对他颇有怨言。而我，除了经常做他的思想工作外，还要处理其他同学的情绪。而他没有丝毫改过的念头，依然我行我素。终于，发生了一件事情，让他在全班同学面前颜面尽失。

今年12月1日，学校举办了冬季三项比赛，其中包括最受班级同学欢迎的项目——拔河。班会课上，我让孩子们自愿报名，小俊第一个举手，他的积极参与让我很开心。

比赛那天，到了选手要上场的时候，我点名时发现，拔河的男生少了一名。大家左思右想，总算察觉到"小俊不在"。于是，同学们分头寻找，最后在教室里发现了偷溜回去的他。但他的解释是："我只是突然不想参加了。"

这一刻，我终于爆发："小俊，你知道吗？战场上的逃兵是要受到军法处置的。"当时紧要关头，我只能叫来体育委员，让他再选一名同学。就这样，我们草草结束了比赛，成绩理所当然地糟糕。回到教室，同学们的情绪都很低落，尤其是参加拔河的选手。当晚，很多给我发来运动会感想的同学都表示：小俊不负责任的行为让他们感到非常失望。

第二天，我找来小俊。又是小俊先开口："老师，昨天只是比赛，不是战场，我突然觉得没什么意思，就不想参加了，班级不缺我一个，其他人都可以参加的。"又是一副"我没错"的样子。

他这么一说，竟让我一时无言以对，生生把事先准备好责骂他的话咽了回去。"也许你说的是对的，但是，小俊，你要知道，时间和机会错过了便再也没有了……"接下来，我也不记得还说了些什么，因为那些话仅仅是说给我自己听的吧。

期间，针对他的种种行为，我多次和他的父母反映沟通，得到的答复是："老师，这孩子还是听点你们老师的话，我们的话他更加听不进去，他爸爸用皮带抽他打他就是没用！我们是真的没办法了。还请老师们多费心。"

作为一名初中生，小俊对自己习惯性不做作业的行为熟视无睹，却对老师的批评吹毛求疵，睚眦必"暴"——明明自己做错了，却总是据理力争，找诸

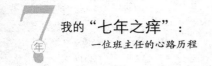

多借口。即使在老师的"权威"下妥协退让，也还要用那"无辜"的眼神进行无声的"反抗"："我已经做得够好了，你们就是针对我，都是你们的错！"

面对小俊的"系统漏洞"，我这个"程序员"始终无法完美修复，这也是让我最痛心不已的事。小俊，明明可以做更好的自己，可是他却选择做这样一个"自己"，这让我无比惋惜。我时常在想：初中三年一去不复返，多年之后，他回忆起来，是否会后悔自己的选择，是否会理解我对他的这一份"痛心"呢？

在无数的痛心与惋惜交织中，有无数次我曾想放弃他，但头脑里却又有一个声音反复说着："也许他会有所改变，再尽力帮帮他吧！"还有半年，小俊就要毕业了，刚放寒假的第一天，我便去他家里进行家访，目的只有一个，希望他认真过好初中最后一个寒假，做好初中的最后一次寒假作业。虽然我知道，这一次也许我依旧不会成功，但我未曾放弃。

每一个人都有自己的选择，孩子也一样。作为一个成人，尤其作为一位师者，我们带着自己对人生的敬畏，对真、善、美的追求去教导孩子，但不是每一个孩子都会与我们同路。这时的"痛心"与"遗憾"该如何疏解？师者之所以称为师者，除却传道、授业、解惑，更是人生的引领者，是这一份爱与责任让我们与孩子同生同息。

于洁老师说过："有时候，植荒十年，才能换得一时春生。"我和小俊的三年，也许换不回我最终想要的完美，在今后的教学生涯中，也许我还会遇到很多个"小俊"。但我想：我能做的就是无愧于"师者"之名，痛并快乐地继续前行着。

差不多就好了吗？

　　暑假没几天，我就接到小雷爸爸的电话，"老师，请您帮个忙，今天我摔了孩子的手机，他给我留了一张纸条，说去同学家过夜了，能麻烦您找找是在哪个同学家吗？"已经是晚上9点了，小雷会去哪里？我把平时和小雷玩得比较好的孩子的联系方式发给他。过了十多分钟，我看到小雷爸爸在班级家校群里求救了。晚上11点的时候，我发短信询问孩子是否找到，小雷爸爸没有回复。一直到第二天早上9点，我收到小雷爸爸发来的信息：孩子已经找到了，这时我心头的巨石才算落了地。

　　小雷是这样一个孩子：头脑灵活，平时话很少，可是骨子里却很顽皮，属于典型的"闷骚型"。在我的英语课堂上，他积极动脑，善于钻研，对于一些难题总有自己的想法。他的英语成绩也一直在班里名列前茅。一副十足的"优等生"模样。但是，我一回到办公室，任课老师们的"状子"便来了：小雷上课睡觉！小雷没做最后两题难一点的作业！小雷上课传纸条……

　　为此，我多次私下与他交流，反复帮他作全面而理性的分析：既然能把英语学好，为什么不把这般出色的学习能力应用于其他科目呢？毕竟光靠一门功课是远不足以"走遍天下都不怕"的。每一次我对他掏心掏肺、语重心长，他都低头不语，沉默以对，全然不见英语课堂上的那份悟性和灵性。我只得再与他的父母沟通，请他们务必在家对其严格要求。他的父母痛快地答应了，但是直到初一结束，都寻不出一点好转的迹象。他的妈妈抱怨孩子不听自己的话，还算有点权威的爸爸又忙于工作，很少花时间和孩子沟通，更谈不上"严格要求"了。

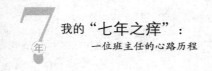
了解到这一点，我心中生出不好的预感：事情不会仅此而已。

果然，初二上学期，"恶性"事件爆发了：小雷被同学举报上课玩手机。经过调查得知，手机是他私自买的。我马上请家长到校协助，并告知此事。小雷爸爸当场表示会好好处理。然而在告别时，他忽然对我说："老师，小雷给你添麻烦了，我知道他学习上不认真，但是我不想给他太大压力，逼得他太紧，万一他离家出走就不好了，你看，现在经常有这样的报道。所以，我觉得差不多就好了！"

"差不多就好了？"我非常震惊，犹如一道闪电划过脑际，困扰我良久的疑团霍然解开。原来，小雷放纵自我、对学习毫不负责的恶习，始作俑者竟是他的父母。正是小雷父母一步步地退让，致使小雷一次次地得寸进尺、无所顾忌，才最终导致他"离家出走"的极端行为啊！当一家人都被孩子牵着鼻子走的时候，所有的说教终将是徒然。

而今，我不知道小雷爸爸找到小雷时是怎样一个场景——是愤怒？是喜悦？是焦灼？是释然？我不知道小雷爸爸会怎样处理小雷这次的行为，我也不知道9月份开学时我会见到一个怎样的小雷。对于不做作业、玩手机等问题，说实话，我一直没有良方，一直很难从根本上解决这些问题。有时，本以为已经得到妥善解决的问题却又死灰复燃，甚至变本加厉。也许，真应该像小雷爸爸说的那样："差不多就好了吧！"但是，作为一位人民教师，我又无法说服自己"随他去"，就算绞尽脑汁还是徒劳无功，我也不想降低对他的要求，因为在我的心目中，他明明可以学好！

陶行知说："真的教育是心心相印的活动，唯独从心里发出来的，才能打动心的深处。"也许我还没有走进他的内心，去品一品他的五味杂陈。我需要从"心"出发，再次上路。李镇西说："每个孩子都是故事。"而我，就是那个记录他故事的人，他们成长的点滴都是珍贵的，尽管有些坎坷。张文质说："教育是慢的艺术。"一如静待花开，不管接下来的一年中会发生什么，我依然心怀期待，期待小雷一点一点地改变，变得阳光一点，变得积极一点，变得主动一点，努力使自己变成一个更好的样子。我相信梦想定能照进现实。

都是手机惹的祸吗？

周四上午，语文老师找到我说："小华在课上用手机看电子书，我发现后试图将其手机没收，没想到她竟然和我抢夺，为了不影响其他同学，我只能继续上课，让她下课过来找你。""手机""看电子书""抢手机"，这一个个字如同针刺在我的心里，"小华怎么会这样？"我心里默念着，难以置信。小华可是我们班的好学生，既然让她来找我，那我就先等着，看她怎么解释。

可一直等到中午，她还是没出现，我按捺不住了，主动把她找来，说："你知道我为什么找你吧？"她紧闭牙关，不吱声，其眼神是我从未见过的，不是带着害怕，而是一种"视死如归"的表情。"一向乖巧懂事的她竟是这个样子！"我心里嘀咕着。她小心翼翼地把手机从口袋里拿出来。

"为什么有手机？又为什么在语文课上拿出来？"我逼问她。

"我拿出来看时间。"她终于吐出几个字，眼睛直直地看着地上。

"教室里有钟，不需要看手机上的时间。"我轻易地拆穿她。

"这手机是谁的？"我继续追问。

"我一个妹妹的。"她应对自如。

她似乎都把答案准备好了，智商果然不是"盖"的。这样的聊天估计也是无果，我让她先回教室。她走后，我拨通了她母亲的电话，简单陈述了事情的经过。她母亲很震惊，说根本不知道孩子有手机。我们约好放学后到学校见面解决问题。

我不知道小华的下午时间是怎么熬过来的，到了放学，我找了个空教室，她爸妈都来了。

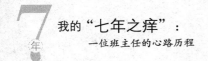

　　"手机是你哪个妹妹的？"她母亲开门见山。

　　"你不认识。"她略带傲慢的语气，与早上和我说话时完全不一样。

　　"我怎么会不认识你的妹妹？"她母亲一边说着，一边轻柔地整理着她的头发。

　　"就是朋友里自己结拜的。"

　　……

　　她和母亲的对话持续了很久，一旁的父亲很生气，但是没吱声。我只是坐在一边，并未插话。在整个过程中，我惊讶我眼里这么一个优秀的孩子，可她在父母面前居然是最有权威的，父母的权威此刻完全丧失。最终，在她母亲的恳求下，她终于肯说出手机是谁的，但前提是只告诉她母亲一个人，其他人谁也不告诉，而且必须替她保密。这样的条件，她母亲居然一下就答应了，问题"迎刃而解"。

　　终于轮到我说话了。"小华，今天找你父母来，其实我的本意并不是要追查手机是谁的。而是你在课堂上使用手机，你和语文老师在课堂上争抢手机，这些都是你作为一名中学生该做的吗？期末考试在即，我和你父母一定以你为中心，希望你在学习上能够再接再厉，争取更大的突破，所以，今天的事情咱们出了门就当没发生过，不过我希望你明天和语文老师道歉。你能做到吗？"她哭着直点头，但愿是真的意识到自己的问题了吧。她父母走时，一直说着："老师，我们不会让她再使用手机的。"

　　在日常的教育教学中，我总把很多的精力放在学困生身上，有时的确忽视了优等生，也正因为这样，他们会利用父母和老师的信任而去做一些不该做的事情。同时，很多父母在教育孩子时总是一味地妥协，最后完全失去了父母的权威。在处理孩子的手机问题时，很多家长都会抱怨是手机让孩子变得叛逆，殊不知，家长平时疏于监督、缺少关心、态度冷漠才是最大的祸根。接下来，我会尽力多和家长沟通，争取多关注到班级这类同学的行为和表现，用实际行动给予他们更多的帮助。

二胎孩子"伤不起"

　　班级有51名学生，仔细一数，不是独生子女的竟然有24名，占全班人数的比例将近一半，这个数字应该是我历届二胎学生之最。在这24名学生中，只有3名是家里的老二，其他都是老大。两年来，和他们的接触让我对二胎学生有了还算深刻的认识。

　　班级里，我第一个关注的二胎学生是小健。记得是他母亲主动在QQ上向我求救："老师，麻烦您开导一下他，自从他妹妹出生到现在，他一直有抵触情绪，我们和他说了很多，可是他似乎听不进去。"接到这样的委托，我并未马上找小健谈话，只是留意着他在班级的一举一动。小健在我眼里一直是一个乖孩子，虽然他的成绩不好，但是劳动特别积极，记得有次他还主动帮值日生拖地。总之，他很希望老师和同学们注意到他的好。

　　那天的英语默写，他居然只错了两个。下午，我在班级做了一次突击小考，里面的好几个单词正好是早上默写过的，结果他都没有拼写出来。我把他找过来，问他怎么回事，他支支吾吾，最后不得不承认，他默写时偷看了。他眼泪夺眶而出，说道："老师，请你不要告诉我妈妈好不好？她会更不喜欢我的。""所以，你默写时偷看是希望讨好你的妈妈？"我反问他。"老师，我成绩一直不好，特别是英语，我觉得是我爸妈对我失去希望了才生的妹妹，为此我一直不喜欢妹妹，也不愿抱她。我也希望好好学习，天天向上，可是我的成绩总是上不去，所以……"他竟然这么想。听了他的话，我很心痛，这孩子幼小的心灵受到了多大的创伤啊！也许只是他父母无意的一句话，让敏感的他承受了这么多痛苦。我告诉他："现在是'二胎时代'，有个弟弟妹妹是很正

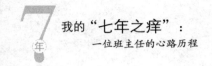

常的事，班级里很多同学都有弟弟妹妹。妹妹并不会夺走妈妈对你的爱。相反，这个世界上多了一个和你相亲相爱的人，这是多么幸福的一件事啊！你想证明自己就需要坚持下去，学习可来不得半点虚假。父母最想看到的就是一个为了梦想坚持不懈的儿子。"他似乎听懂了我的话，擦干眼泪，向我保证会继续努力。他走后，我和小健妈妈通了电话。我肯定了小健在学校里一些进步的表现，也希望她在学习上多鼓励孩子，生活上多关爱孩子。同时，在平时和孩子谈话时，一定要注意方式方法，尽量做到"一碗水端平"。

第二天，他居然主动找我背了一段刚教的英语对话。看得出来，他一定花了很多时间。我表扬了他，告诉他"贵在坚持"。他的英语成绩也在曲折中前进着，由20多分提高到50多分。不仅如此，在和他母亲的接触中，我也了解到，他改变了很多，尝试着接受妹妹。妈妈有事时，还帮助照看妹妹。虽然还存在着一些矛盾，但相信事情一定会向着好的方向发展。

作为一位未来即将投身"二胎时代"的教师，我觉得有很多需要思考的地方。"二胎"意味着更多的问题、更大的压力和更多的挑战。但是，相信如果我们在处理问题时多一点智慧、多一点宽容，那么前途一定会柳暗花明。

那天，他又打架了

　　开学第一天，早上我早早地来到学校，迎接孩子们的到来，可是到7点了，小赵还没来。"他可不是一个迟到的孩子呀！"我心里想着。他的同桌小梁可能看出了我的心思，告诉我说："老师，小赵在公交车上打架了。"我一听，立马神经绷紧了："和谁打架了？"小梁告诉我，今早坐公交车的时候，小赵和（1）班的一个孩子打起来了，然后他们俩都被赶下了公交车。

　　我听后心里又气又急。这开学第一天，他就给我惹事，这可不是他第一次打架了。我马上拨通了他母亲的号码，他母亲说：孩子被赶下公交车后，回到了家，他的父亲刚把孩子送到学校。因为那个被打的孩子被小赵打得鼻子出了血，若有问题，可以联系他们。就在我挂电话之际，小赵来到教室外面的走廊。我叫住了他，他呆了一下。我说："你没事吧？先去上早读，一会儿我找你。"

　　早读后，我等着他过来找我，可一直没等到他，我便去教室找他，他正趴在那里，可能被吓着了。他支支吾吾地跟我说了事情的原委，反复强调说："老师，是他先骂我的。"据我了解，（1）班那个孩子在平时比较沉默，还算乖，应该不会无缘无故地骂他。于是，我告诉他不管怎样，都不能拿拳头解决问题，这样问题只会更严重。接下来，我把事情告诉了（1）班的班主任，并询问了孩子的伤情，也联系了那个孩子的家长，那个孩子的家长比较讲理，只是说孩子的鼻子本身就不太好，平时就很容易流鼻血。至于骂人，只是他无心地说了小赵一句，没想到语气说得重了。最后，和家长、孩子一起协商之后，这件事情暂时算是平息下来。

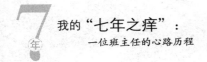

　　初一时，班里像小赵这样的孩子就有几个，平时一下课就到处乱跑，很容易不小心碰到哪名同学就打起来了。我对他们进行过多次引导和教育，本想到了初二，他们应该长大、成熟了才对，没想到情况仍是这样。于是，我想借着这件事情对班级进行一次整体教育。正好班级要观看《宗爸讲堂》的"安全第一课"，我便把里面讲校园欺凌的内容重点强调了一下，告诉孩子们有时他们理解的小打小闹也是一种校园欺凌，是一种非常不好的行为，我们不能让校园欺凌成为青春的一道疤，应该严格抵制这种不良行为。

　　国庆节之后，事情过去一个多月了，我又找来小赵，我夸奖他一个月来的表现非常好，不仅在行为规范上有了进步，而且在成绩上也大有起色，历史这一学科能考及格了，数学的几次测验也都有了明显进步。他跟我说自己那天是太冲动，不应该随便动手打人。我向他坦言，那天我确实对他有点失望，但是我内心相信他这学期能进步，并能迎头赶上。他听后，内心有些触动。

　　小赵算是一个"双学困生"，成绩和行为习惯都让人担心，面对这样一个问题学生，我有时无从下手，不知道怎样在学习和行为上帮助他，他的冲动总会让我心生失望，失去信心。当然，他的不良行为肯定会有反复的时候，我会尽力关注他，帮助他健康成长。

他说：我没空！

　　周一的早读课，我检查孩子们回家读单词的情况，看到小王有点注意力不集中，特意留了几个简单的单词让他读，没想到，他读到第二个单词就不会了。我心里的怒火一下子蹿了上来，对着他大声喝道："下课后到我办公室来，我教你读！"

　　第一节课下课，他没来；第二节课下课，他还是没来。一直到中午吃过饭，我冲进教室，对着他怒吼道："你怎么还不过来，这么多课间在干吗？""我没空！"他冷漠地回复道。他居然当着全班同学的面这么回复我，我一下子火冒三丈，一只手把他拽起来往教室外面拖，可是他人高马大的，我拖到一半就拖不动了。于是，我们两个就僵在那里，我对他说了句："你等着瞧！"

　　到了办公室，我深呼吸让自己平静下来，但一想到最近各门功课老师都反映他上课极其不专心，我还是拨通了他妈妈的电话，他妈妈说感觉孩子最近在家里的表现也不好，正好也想找老师聊聊。于是，我们约了马上见面。

　　我不是第一次找小王妈妈到学校，小王妈妈属于心直口快型，平时也经常会和我诉说孩子在家的种种"行径"。这次我找了一间空教室，把小王也叫了过去，当着他妈妈的面，我问小王到底为什么不愿意来读，他说："要做课堂作业，而且也不会读，所以不愿意过去。"我问他："老师让你过来读，就是教你读你不会的，你为什么不愿意我帮你？读几个单词花不了多少时间，中午自习课上也有时间做课堂作业，但如果不会读单词，这个单元就没法学了。"接下来，我和他妈妈也交流了好多，他妈妈把他在家的"不听话"都一一说了个遍，基本和在学校的状况差不多。最后，在小王的保证下，我和他妈妈愉快

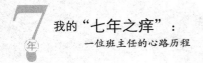

地达成了共识。

接下来，小王并不像他所保证的那样，反而越来越糟。他变得越来越不专心，越来越不愿意读单词学英语。我也开始反思自己的行为，因为那天的一件小事，我行使了班主任的权力，又是当众批评他，又是叫家长。这些行为就像是告诉他："我是班主任，你敢跟我对着干，看我怎么整你！"这样愚蠢的做法，孩子怎么会有转好的迹象呢？恍惚间，我有种"大彻大悟"的感觉，我要先从自己下手，纠正自己才行！希望一切还来得及。

日子一天天过去，我每天都观察着小王的言行，看到他的作业有问题，我会主动找他，帮他讲解，而不是让他来找我。有一次，他的练习获得小组第一名，拿到了相关的奖励。虽然他还是那个冷漠的表情，但是我一定不会放弃。

就在我着手写这次失败的案例时，又发生了一件事。放学的时候，我在教室检查个别同学的背书情况，他跑过来对我说："老师，小陈忘了倒垃圾，垃圾袋在哪里？我来帮他倒！"我当时心里一阵喜悦。十分钟以后，小陈气喘吁吁地跑到教室说："老师，我在半路才想起忘记倒垃圾了，便跑了回来。""你人缘真好，小王已经帮你倒啦！"我开心地说道。

孩子们都走后，我一个人留在教室，看着空空的座位，我感慨不已。一年后，他们即将各奔东西，我能做的，就是教他们学做人、学做事。我告诫自己：在处理学生问题时，一定要理性，我要学习的还有很多，一定要和他们一起努力！

她的"眼泪"

那天，我一进教室，她就哭哭啼啼地跟我说："老师，我不想做宣传委员了。"一大早，我还没反应过来，只能先安慰她说："你先把眼泪擦干，同学都在下面看着呢，等我上完课再说，好吗？"下课后，她来到我的办公室，还没出声，眼泪就掉了下来。我递给她纸巾，让她坐下来慢慢说。

"老师，我觉得我已经江郎才尽了，再也想不出新的板报创意了，所以，我不能担当宣传委员了。"她擦了擦眼泪，表现出很委屈的样子。

"从初一到现在，班级的板报都由你负责，领导多次称赞我们班的板报出得好，所以，你是压力太大，怕接下来得不到表扬了，还是有别的原因？"我略带疑惑地问道。

"我一直对自己的要求很高，我希望可以得到所有人的肯定，可是，最近总有人说我。"她说道，眉头更紧了。

"谁？说你什么？"我"顺水推舟"。

"隔壁班的小王和小俊说我板报出得不好，还说我胖。我都不认识他们，可他们为什么要说我？"说着，眼泪又流了出来，看着让人心疼。这时，上课铃声响了，我叫她擦干眼泪去上课，别让同学们看出来。

我一个人坐在办公室，思绪万千。看到这里，也许大家会同情这个孩子吧。她叫小慧，曾经考过我们班的第一名，可是后来成绩一落千丈，现在在班级的成绩都快中等偏下了。作为一位"视学生分数如命"的班主任，我早就在暗中"调查"她。那次第一名之后，她借机让她百忙的父亲买了iPad和手机，另外，她也慢慢地注重打扮了，甚至穿了不合时宜的花花的小短裙到学校。在

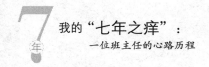

这期间，她还主动给我写过信，她说自己很努力，压力很大，压得自己喘不过气，有时都要想不开，希望我能帮帮她。

作为她的班主任，我自然是动用了自己的"三寸不烂之舌"，给予她各种引导和激励。可是，她的成绩一直没有起色。就在我茫然不知所措时，我接到了她妈妈的电话，听完后，我大吃一惊。原来，她经常在家欺骗父母：以到图书馆看书等为由去昆山玩；她的爸妈要没收手机，她就把手机藏起来，说弄丢了；有一次因骗人被当场揭穿，她还拿跳楼威胁父母……她母亲最后告诫我不要轻易相信她。

"乖巧"的小慧，背后竟是这般，为了怕我批评她，她总是以退为进，在我面前不断示弱，一次一次地掉眼泪。这样一来，我这个"性情中人"自然是站在她这边的。之前，她到我这里哭诉有人说她坏话，我都是"不分青红皂白"地把对方批评一顿。后来才知道，事后她竟在网络上发话："看你们得罪我，我就叫班主任治你们。"哎，原来我只是她的"工具"而已，毕竟是考过班级第一的人，智商自然是有的。

虽然我已经知道了"真相"，但是在她面前，我还是不露声色，依然做着她心目中"傻白甜"的老师，所以才有了文章开头的画面。这次，我该怎么做呢？我还是先稳住她吧。于是，我在放学后又找到她，告诉她"谁人背后无人说"的道理，让她做自己就好。至于板报的事情，可以暂时让小赵接替。

可是，对于这样的孩子，我究竟应该怎么做呢？有时，我深感自己作为班主任的无知、无用、无能，我做事缺乏思考，才会让事情变成现在这样。接下来的一年时间，我希望能尽力帮到小慧，让她找回自己。

问心无愧就好了吗？

周四，学校安保处主任匆忙找到我，"我要找一下你们班的小欧！"

"他又惹了什么事？"一下子，我所有的神经都紧绷起来。

"等学校处理完再告知你。"主任带走小欧，只留下我一个人在记忆的走廊里迷失着……

小欧，一名辨识度很高的男生。如果你走进我们班教室，应该一眼就能认出他。没错！那个皮肤黝黑，还穿得一身黑的男生！在学校里，他基本能完成老师布置的任务。他还有一个特点：说得好听点，叫"仗义"；说得难听点，就是"四肢发达，头脑简单"。怎么说呢？初一那会儿，我就留意到他放学后喜欢和社会上的人来往，于是，我多次找他沟通，希望他注意交友，他总是回我一句："老师，你放心，我可以分清好坏。"可是，事实并非如此，他的"小事"总是不断：今天放学和谁谁谁约着打球很晚回家，明天放学和隔壁班谁谁谁约着去外面打群架……这几年里，他几进德育处，好几次差点拿了处分。

对于小欧的校外表现，我也一直积极与他父亲联系，希望他留意小欧放学后的一举一动。小欧是家里的老二，他还有个姐姐，和我差不多大，在外地做老师。他的父亲50多岁了，但还是在拼命地赚钱养家，平时经常很晚回家，对于小欧的教育，时常也是力不从心。我每次和他电话沟通，他最后总是说一句："老师，我知道了，我晚上回去和他沟通。"可是，孩子并没有一点好转的迹象，反而越来越任意妄为。

于是，我把希望寄托在他母亲身上，可当我把他母亲请到学校了解情况

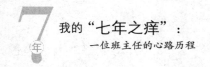

时，我才发现，小欧根本不听母亲的话，他母亲在家里完全没有话语权。面对这样的状况，我想到了小欧的姐姐，并通过QQ联系到他姐姐，希望得到他姐姐的帮助。没想到，得到了他姐姐这样的回复："现在让他成才是不可能的，要让他成人，面对诱惑不能抗拒，现在只能让我父母看紧点。"希望破灭，我感觉举步维艰。

我只能利用在校的时间多和他沟通——在课堂上，多提问他一些简单的问题，借机表扬鼓励他，让他对学习的兴趣多过在外面"混"。情况似乎好转着，可没想到，却发生了这样的事。

周五，学校的公告栏里多了一张红红的纸，上面是对小欧的处分决定，他由于在校外打群架情况恶劣，被给予处分。

当天晚上，我辗转难眠，那张触目惊心的处分决定书一直在我眼前挥之不去。近三年来，对于小欧，我自认为问心无愧，不管他的父亲如何敷衍我，我还是会打电话询问小欧是否到家，还是会建议其尽量来接孩子放学，还是会周末打电话咨询小欧在家的情况。我内心是多么希望把他从悬崖上拉回来，可是，我的力量又是那么微不足道。

有句话说："教海有路勤为径，问心无愧即为高。"而我却扪心自问："问心无愧就好了吗？我难道只能在事情发展到这个地步时说一句'问心无愧'吗？面对这样的孩子，我难道真的只有束手无策吗？"

我不知道小欧父母在签这份处分决定书的时候是什么心情，我也不知道小欧接下来会以怎样的态度来迎接他初中最后的日子。只愿这次是他人生的一个坎儿，提醒他：该回头了！

我不是教神

正式填志愿的那天早上，小宇的母亲发来信息：俞老师，孩子决定回老家复读一年，这三年真的辛苦你了。

我马上回复：好的，但是今天要带孩子到学校签字确认。

放下手机，我简直不敢相信，脑海里不断浮现小宇这三年在校的点点滴滴。初一时，他就已经"小有名气"——好打架，而且每回都会挂彩；初二时，开始"趴"——上课都是趴着听课；到了初三，愈加糟糕，直接倒头睡——睡得有些"不省人事"。

为什么会这样？是老师们都不管他了吗？

当然不是！

初一时，他每次打架，我都会认真处理，一般的处理流程是查明真相、思想教育、家长约谈、处理伤势、留意观察等。我还会翻阅各种教育名家书籍中"处理打架事件"的相关案例，或者向学校的老班主任们请教经验。可是，或许是我没有找到问题的症结，初一一年，反反复复不知多少次，小宇每次都保证得好好的，可最后又控制不住自己。

但是，升入初二，这些方法似乎发生了有效的化学反应——他不再动手了。对于他趴着的问题，我的第一步是双管齐下：分别找他母亲和他谈话，询问原因。他母亲说可能是晚上睡得晚、太累了所致。第二天就给他准备了咖啡提神。而当我问小宇时，他并没有给我明确的答案，只是向我保证说下次不会了。可是，接下来陆陆续续有任课老师找我反映，他上课还是趴着。唯独没见历史老师为此抱怨过。究竟是什么原因呢？我赶紧找到历史老师解惑。他说：

25

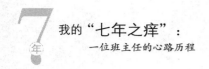

"小宇上历史课有时也会趴着，可是，我发现每次叫他回答问题他都能答上，而且有时比较难的试卷他都能考得不错。"

的确，他的历史成绩一直不错。于是，我采取了第二步：正向激励。我告诉小宇，可以试试用学历史的方法学习其他科目，尽量少趴着。看得出来，他有想努力的动机，可惜没能付诸行动，自控能力几乎为零。我主动联系他父母，希望他们除了做好监督以外，多给予孩子肯定和鼓励，但收效甚微。

最后，到了初三，演变成他直接睡过去了。看到他这样，我每日都在反思自己的无能，似乎做了很多的努力，可是却没法改变这个孩子，哪怕只是一点点的改变都没有！所有的一切都被打回原形！三年来，我也看到他父母的努力，尤其是他母亲，每天都盯着他做作业，尽管他每天交上来的作业正确率并不高，但至少都在坚持做。处理打架事件时，他母亲从不为孩子开脱，都是一个劲地向对方道歉。对于挂彩的儿子，她都是自己送医院，不会借机索要医药费。

中考，小宇的分数自然不理想，所以就有了文章开头的场景。

终于等到他的母亲过来签字了。她和我详细地说明了情况。原来，对于填志愿的事情，小宇一点不上心，随便乱填，最后小宇母亲愤怒了，在逼问之下，小宇才说想回老家再读一年，再考一次高中。小宇是很认真地考虑过的，所以小宇的母亲也答应了。

也许是小宇父母的行为最终感动了他，让他有了再试一次的勇气。但是，若他能够早日觉醒，又何须再等一年？但愿亡羊补牢，为时未晚。

三年来，我试着关注他、帮助他、改变他，但最终以失败告终。一次次的失败让我意识到自己的渺小。虽然我无法妙手回春，但我还是会坚守自己的教育信念——不放弃，不抛弃，尽最大的努力，留最小的遗憾。

守　护

在教学中，我一直坚信李镇西老师的那句话，"每个孩子都是故事"。面对两个班级的100多个孩子，我曾有过对教育失败的担心，也有过对付出没有回报的恐惧，但是，我和小哲的故事改变了我。

四年前，小哲来到我的班上，还没开学领导就给我打了"预防针"：俞老师，这个孩子情况特殊，要多注意方式方法，有情况及时向学校汇报。

很快，我就明白了"特殊"这两个字的含义。

小哲在开学第一天的第一节课就睡觉，课间不知所踪，第二节课已经开始10分钟了，还是没见到他，任课老师告诉我时，我吓坏了，赶紧在学校里到处找。当我走到男厕所门口时，他正慢悠悠地从里面走出来。

"赶紧去上课吧！"我急着催促他。

他呢，漫不经心地走着，根本没有理会我的话。总算是找到他了，我没和他生气，看着他走进教室就安心地走了。可下课铃还没响，班长过来喊我了："老师，小哲不见了。"

"走，我们去厕所看看。"我叫上班长，让他进去查看，可是小哲不在里面。

学校那么大，我要上哪里去找？我心里盘算着。最后，我只能告知安保处主任，安保处主任通过监控找到了小哲，原来他正躺在一处角落里睡觉呢！

竟有这样荒唐的事！

我把小哲叫到办公室，一番晓之以理、动之以情之后，他却没有说一句话，也没有正眼看过我。

接下来的每一天，几乎都是如此，我只要一没课，就要看看小哲在不在教室，如果不在，就要在学校到处找他。学校层面也多次和他父母进行沟通，但是不见一丝效果。他的父母觉得孩子没有影响到别人，只是不学习，并不认为事情有多严重。我几次想把小哲父母请到办公室聊天，可是他的父母总说太忙而推托了。终于，有一次，小哲父母答应来学校沟通了，没想到，他们在我面前巧舌如簧，为孩子的行为找诸多借口。他们的伶牙俐齿让我感到阵阵心寒。从他们的眼神里，我看出他们对我的工作是不屑的，这让我的心久久不能平静。

我该怎样帮助小哲？我能做的也许唯有每天的"坚守"：每节课一定要去看看小哲在不在教室，尽管他上课都是在睡觉，甚至睡觉时还会打呼噜，可是，只要他在教室，我才觉得安心。小哲有一点进步了，他不再直视我的眼睛，他愿意和我交流了。"老师，我爸爸说等我初中毕业就不管我了。我妈妈昨天把奶奶手机都砸了。老师，你不要再和他们联系了，我们家的情况太复杂，你没法解决。我没有针对学校的老师，我只是和你们想的不一样，我觉得在学校的每一分钟都是浪费生命……"这是三年中小哲和我说过的话。初中毕业之后，小哲没有继续读书，而是在学校边上的修车店洗车，他说以后想做汽车美容职业。

我一直觉得，对于小哲，与其说是我在教育，不如说是我在守护，陪他度过人生最艰难也最危险的时刻。说教或者惩罚本身都不重要，重要的是我让他知道：他不孤独，在这个世界上，还有人关注他、帮助他、守护他。让他明白，我只在乎他的头顶有没有阳光，生活给他的是不是只有风霜雪雨、电闪雷鸣。

面对小哲，守护他比让他开花更重要。

无论如何都不放弃的守护，这就是教育，就是让我勇气倍增的源头。这份守护让我有信心，也更富有勇气和责任感。让我不再畏惧被伤害，不再畏惧好心没好报，不再畏惧倾其所有。哪怕这一日日的好心又做了"驴肝肺"，哪怕我双手捧出的热心被伤得千疮百孔，我也能在下一个黎明到来时充满力量。

最后一次拔河

初三最后一次拔河比赛终于在大家的期盼声中拉开序幕。这次比赛我们班依然是自主报名，男生有16人，女生有12人，很快就报满了，要知道，我们班可是去年的亚军，所以大家都满怀信心。

一个班一个班挑战着，比赛现场热闹非凡，老师和同学们的加油声此起彼伏。终于轮到我们班上场了，大家摩拳擦掌。不想，就在比赛开始之前，清点人数的体育老师突然说："你们班怎么少了一个人，快点通知缺席人员到位，不能影响比赛！"

"少人！是谁？"一旁的我焦急万分，孩子们和我一起查看到底少了谁。

"是小俊！"一旁的晴晴边说边往教室走去，"老师，我刚才看到他往教室走去了，说是去拿水杯。"

教室在四楼，等小俊过来恐怕于事无补了，情急之下，我不顾形象地大喊一声："谁来替？"我环顾周围的孩子们，就像在寻找救命稻草。

"我来吧！"小扬举起了手。

这一局，我们对阵去年的手下败将（2）班。然而，比赛开始不过几秒，我们便陷于劣势，又僵持了没多会儿，（2）班便轻而易举地取胜。

突如其来的失败，把孩子们弄蒙了。有人难过地哭泣，有几个正好看见刚回到操场的小俊，顿时大喊："都是你！都怪你！"场面一度混乱，我不知所措，只能先把小俊拉到一边，问他："小俊，究竟是怎么一回事？"他竟轻描淡写地说："我只是突然不想参加了。"

我也蒙了。我不记得又跟小俊说过些什么，想来无非是一个"义愤填膺"

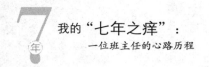

的老师一个劲地告诉这个"逃兵"责任的重要性，让他为自己的行为负责。然而，我们输掉了本该胜券在握的拔河比赛，输得彻彻底底，只因为小俊不告而逃吗？

那天放学前，我总结出两个失败原因：一是缺少团结，二是掉以轻心。我告诉孩子们，拔河时，我看到了人心涣散、推卸责任，输了就互相埋怨，包括我。这让我一下联想到：学习不也是如此吗？初中三年，中考近在眼前，这最后一搏，大家又将何去何从？

我动员孩子们写一写活动感想，截止日期为当天晚上10点。因为感想这东西，时间长了就失去了很多意义。没想到，有8名同学在10点前发来了感想。当我收到晴晴的感想时，我很意外。说实话，当时我的脑海里反映出一句话："怎么是她？"她是一个文静内向的女孩，很难让别人注意到她。在她的感想中，她客观分析了这件事，条理清晰，耐人寻味。

看完这8份感人肺腑的感想，我热泪盈眶，我感动于这些孩子对我的鼓励和信任。拔河比赛留给我的负面情绪早已烟消云散，但我对自己的班主任专业性产生了严重怀疑。在遇到突发事件时，我一定要学会顾全大局，冷静面对，让事情的不良后果降到最低。此外，在安排事情的时候，要多备一份计划，及时做好沟通，准备好替补队员，防止突发事件。平时也要多注意内向的孩子，他们往往比较敏感，需要老师多一点理解和关心。感谢这最后一次拔河给予孩子们和我的警醒，接下来，我们希冀着在反思中一起成长。

第二辑

良师引领之恩

2

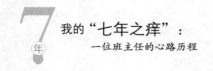

跟着于洁老师做班主任

2019年8月18日，结束10分钟的带班绝招讲座，我来到台下，我的师父于洁老师笑着对我说："艳君，你的胆子练出来了，进步很大。"

"都是师父您给的勇气和自信。"我充满感激。

其实，我对于洁老师又何止感激二字？

缘 起

画面切回到2011年8月，我刚入职时，参加了昆山新教师培训，于洁老师坐在台上给我们做讲座，我记得她给我们讲了班级卫生管理。当时的我怎能想到，五年后，我竟有幸成为于洁老师的徒弟，八年后，我也会站在台上，面对1400多位昆山新教师讲我的班级卫生管理方法。

做于洁老师徒弟这三年，可以说是我目前为止成长最快的三年。

我大学毕业的时候，班主任反复强调教师工作前三年的重要性，我用心记了下来。那时候，我和两个班的学生相处融洽，班级学风好，所以，前三年取得了不错的成绩，可以说是站稳讲台了。

后来的两年，由于面对的班级情况完全不同，我有些应接不暇，此时刚好遇到于洁老师的班主任工作室在招收新人，我果断报名，希望自己走出困顿和迷茫。就这样，2016年10月，我第二次见到于洁老师，并成为她的徒弟。

蜕 变

于洁老师对成员们要求严格，有铁一般的纪律。我们明白她是给我们断后路，让我们全力以赴往前冲。一开始，我只满足于每月的案例撰写，工作室其他活动很少报名，其实不是我不愿意，而是我觉得自己不行、不敢。慢慢地，看着其他成员的文章陆续被各大杂志刊物录用，我越来越怀疑自己，觉得自己也许根本不是这块料吧。就在这时，转机来临。

一次于洁沙龙报名，我鼓足勇气发送了"报名"。等到周三晚上8点，我守在电脑前，开始人生第一次于洁沙龙。沙龙里都是经验丰富的班主任，他们的脑力激荡让我震撼，我努力跟上沙龙节奏，两个小时的沙龙，我急出了一身汗，当我还在纠结自己的沙龙表现会不会让于洁老师失望时，她竟在群里表扬了我，鼓励我继续努力。

对当时的我而言，这样的鼓励太及时了。于老师一定是看出了我的怯懦和不自信，她是在给我一颗"定心丸"。

在于洁老师的鞭策下，我参加沙龙的频率增多了，到现在，我已经能坚持每周参加沙龙，不断思考班主任管理的方方面面，向全国各地的班主任们学习，倾听他们的意见和建议。我也不再满足于每月的案例撰写，而是积极参加工作室组织的各项活动，我的文字也陆续在人民教育微信公众号、《中国教师报》《江苏教育》《玉峰文苑》等媒体上发表。

于老师给我的引导不仅让我在班主任工作中越来越笃定，也影响了我的学科教学。我渐渐不再退缩，而是主动出击，积极报名参加学科教育教学活动，积极撰写学科论文，研究教学方法，在反思中不断前行。

希　冀

工作八年，担任班主任七年，回首这"七年之痒"，我感到充实和快乐，我有信心和勇气面对接下来一个个的七年。于洁老师说："你若想进步，即使千军万马也挡不了你的路。"我想说："跟着于洁老师做班主任，千军万马也挡不住我的路！"

不管前方是鲜花遍地还是荆棘丛生，我都会带着于洁老师给我的勇气和自信一步一步走下去。因为，跟着于洁老师做班主任很幸福！

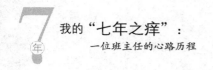
想起董老师

大学的毕业纪念册我一直放在抽屉里，闲时翻一翻。这个暑假，我在陆陆续续搬家，昨晚又翻到了这本纪念册。

打开第一页就是董老师给我的留言。

你一定想知道董老师是谁？

她是我们外国语学院的原党委书记，我们上大一时，差不多正是她退位的时候。大一发新书那天是我第一次见她。当时，我们排队领新书，她忙里忙外。她穿得极其朴素，而且没有作自我介绍，以至于我以为她是院里请来帮忙的临时工。

后来，我才知道，她是我们院的大人物。当时的第一反应是，她一定是爱极了学生，才会在那样的大热天帮我们一起发新书。

董老师不教我们班课，也不是我们班的班主任。我们大一、大二的班主任是李老师，后来因为李老师的工作职位变动，难以继续担任我们班的班主任，所以，我们就被隔壁班兼并了，也就是说，由隔壁班级的班主任一起管理。而董老师就是负责他们班的老师之一。我之前就听说，她会细心地为女生宿舍定制窗帘，以保护其隐私；在元旦放假时，请班级的孩子们吃地道的当地菜。当然都是她自掏腰包的。

董老师接收我们班时，一定是看过我们的资料，因为她对我们每个人都很了解。与其说她是我们的老师，我们更觉得她像奶奶一般默默地关心着我们。她总是笑眯眯的，说话慢条斯理。每次烦躁焦虑的时候，只要和她说说就瞬间被治愈了。

　　毕业那天，我们几个小伙伴请她合影，她开心极了，和我们拍了许多照片，写了同学录，最后，她还和我们一个个拥抱。我至今还记得董老师给我的那个拥抱，那样的温暖，似乎足以把我以后人生中的阴霾全都驱散。

　　毕业后，我工作一稳定就给董老师打电话，是新手机号，可是，董老师一听便知道是我，这让我感动不已。春节时，她还给我寄明信片，我也给她寄明信片。可遗憾的是，后来我工作一忙，便渐渐忘了与她联系。后来，我就想着董老师可能把我也忘了吧，一直也就不敢去打扰她了。

　　这里我想说一下，小学、初中、高中、大学毕业后，我很少去看望老师们，不是我忘了他们，而是我怕他们不记得我了，我还怕打扰他们。我只是想把那一段段美好的记忆留在心里，不被打扰。我想：我的很多学生也是这样的。其实这样就够了，老师们都能感受到的。

　　董老师真的是我见过的老师里最低调的一位，没有之一。她始终把学生放在第一位，自己工作繁忙，却还时刻挂念着学生。所以，工作这几年，我一直把董老师作为榜样，虽然我知道我也许永远达不到她爱工作、爱学生的境界，但是，我会努力不让她失望。

　　此刻的我好想说："董老师，我想您了，谢谢您在我大学四年教会我如何做老师。漫漫人生路，能遇见您，是我的福！"

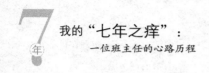

感谢生命中的贵人

《辞海》中对"贵人"一词有这样的解释：命中应有的扶助人。百度的解释是：对自己有很大帮助的人的尊称。在人生的不同阶段，都会有一位或一些贵人指点并扶持我们，他们往往会在关键时刻提醒、关心我们，让我们的人生越走越充盈。而今天，我就要感谢我的一位贵人。

师徒之义

2011年，我刚进入学校，就见到了她。她和我是同一门学科的老师，所以，自然变成了我的师父。在学科教学上，她几乎毫无保留、全心全意地指导我这个"小菜鸟"。每次我上公开课，她总会提出很多建设性的意见，帮我仔仔细细推敲各个教学环节，为我修改每一个教学细节，真的是做到了手把手。虽然我的成长还不尽如人意，我在教学中仍有许多方面存在欠缺，但是她的每一次指导我都铭记于心，也一直在通过努力落实来提高自己。

她对教材文本的解读让我惊叹，足以感受她扎实的教学功底。她总是告诫我，一定要以学生为主体，想方设法地让学生更好地接受新知识。我学着跟她一起给学生买小礼物，认真记录好学生的点点滴滴，不放弃任何一名学生……

教师最大的职责就是教书育人。除了在教学上，在班级管理中，她也是我的指路人。记得我第一年发新书时，场面混乱不堪。她走进教室，帮我控制了局面，分分钟把班级的新书发完，也让我明白做事要讲究方法。

她让我知道了教师行为示范的重要性。"穿高跟鞋可以在脚跟处钉上一块皮，防止鞋子声音太大。""在办公室里说话要注意。""要相信自己。"……她对我的谆谆教诲包含了方方面面，让我受益匪浅。

朋友之情

工作中，我们是师徒；生活中，我们是朋友。有人说：朋友是你精神上的医生，当你痛苦时，他会安慰你；当你遇到挫折时，他会鼓励你；当你求助时，他会帮助你。她在生活中给我的帮助就更不胜枚举了。

我女儿刚出生时，各种育儿知识我都咨询她，她给我推荐书籍并告诉我有效方法。女儿要报班学舞蹈了，她告诉我选择靠谱机构的重要性，友情推荐优秀的舞蹈艺术团。记得那次，我女儿学钢琴遇到了"叛逆期"，她给我指点迷津，让我能够和女儿一起坚持下去，度过了学钢琴最难熬的日子。

记得前几年，房价暴涨，学校里大家都在谈论买房的事，她告诉我可靠的房源，也就是在这时候，我买了一套自己的小公寓。所以说，优秀的朋友不仅可以带给我们精神上的财富，还能给我们带来物质上的财富。

人生得意须贵人，贵人是我们人生道路上的导师，是我们挑战困难的勇气，是我们坚强的后盾。感谢生命中的贵人，所以，请珍惜生命中的贵人。

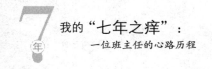

路见不平，何须用刀？

　　我的初中班主任姓陆，名建平。班级同学每回提起他，都会想到八个字："路见不平，拔刀相助"。当然，陆老师对我们的教育无须用"刀"。

　　初一刚入校时，我们班的男生就出了名的顽皮，有几个胆子还特别大，小峰就是其中一个。记得有一次，陆老师放学后摸了摸小峰的头，语重心长地说："你这头发可以修修了。"没想到，小峰第二天真的剪头发了，可是，他剪的是光头。他一大早就顶着锃亮的光头在班级里四处招摇，明摆着就是和这位新班主任干上了。我现在还能清楚地记得陆老师看到小峰光头时的表情，他一把拉住小峰就往外走。小峰虽然个头不小，但毕竟还是小孩，就这么被陆老师拖进了办公室。不知道陆老师怎么和他晓之以理、动之以情的，反正后来小峰是红着眼回来的。据说后来，陆老师还把小峰爸爸喊过来一顿教育，并要求小峰爸爸少打麻将，在孩子身上多花点时间，还要求定期上交监督情况。从此以后，小峰的发型正常了，看到陆老师就服服帖帖的，甚至还做起了陆老师的小帮手，如主动帮助班级换饮水机的水。其他顽皮的男生见状，深感这个"路见不平"果然名不虚传，也不敢造次了。班级从此平静下来，班风正了。毕业10周年聚会时，小峰向陆老师一连敬了好几杯酒，一个劲地说着感谢的话。现在想来，陆老师这招"擒贼先擒王"用得恰到好处，当年和小峰的对话一定也是用心用情，才把这么一个调皮鬼给"收编"了。陆老师育人靠走心。

　　陆老师是教语文的，他热爱语文，这是大家有目共睹的，所以，上他的课是一种享受。那时候，经常有老师来我们班听他上课。除了课内的文章外，他还给我们推荐了很多读物。当时，我们是不需要考课外名著的，所以，也没有什么课标指定阅读书目。但陆老师坚持带我们阅读《钢铁是怎样炼成的》，记得那段时间，全班同学都迷上了书里的经典名言，大家珍惜时间，你追我赶，学习气氛非常浓厚。陆老师还鼓励我们多练笔，我们最期待的就是听他读优秀作文，哪名同学的作文被读到了，就是一种极大的鼓励。初二时，我的一篇习作被陆老师推荐出去刊登在一本小读物上。当他兴冲冲地递给我稿费的时候，比我笑得还开心。他就是这么一步步带领我们走进语文的世界，沉浸在语文的天地里，让我们在语文中获得了巨大的满足感和成就感。后来，我们班的中考语文成绩在全市名列前茅。但可惜的是，初中毕业之后，我的语文就一蹶不振。现在每每想起，都觉得愧对陆老师当年的付出，这也是我师范选专业时没有选语文的原因。陆老师育人靠语文。

毕业后，我回到母校工作，陆老师见了我就说："你看，你当年就没听我话呀！不过后来，我发现我错了，其实女孩子做老师还是不错的。我现在的口头禅是，学个师范做一位人民教师，人生就完美了，因为人民教师的'人民'二字可是国家级的。"工作第一年，学校班主任师徒结对时，我有幸做了陆老师的徒弟，跟着我的班主任学做班主任是何等的缘分，又是何等的恩赐啊！除此之外，学校开展书香校园建设时，他鼓励我看教育类书籍、英语期刊、各类名家散文。他还经常督促我：作为青年教师，一定要努力。陆老师育人靠口头禅。

从做陆老师的学生到做陆老师的徒弟，陆老师这个班主任真不简单。路见不平，何须用刀？班主任靠走心、靠学科、靠口头禅，这便是他这位班主任教我的。

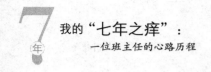

校长·好

他说：孩子不记仇

刚入职时，有一次，我处理班级事务到很晚，当我拖着疲惫的身躯去车库拿电瓶车准备回家时，发现轮胎是瘪的——没气了。

"谁干的？"我第一时间想到当天被我批评的一名男生，记得当时他一脸的不服气。顿时，我的玻璃心一酸，眼泪就要夺眶而出了。我赶紧仰头，努力忍住。天空阴沉沉的，一丝星光不见，校园里昏黄的灯光怎么也照不开一团团的漆黑……我还是没忍住眼泪，难过之际，竟拨通了校长的电话，一边抽泣一边诉说着心里的委屈。电话那头，校长平和地说："小俞，不会是孩子戳破的。孩子是最不记仇的，他们知道你对他们的好。"

事实证明，校长的判断是正确的——修车师傅告诉我，是路上的铁屑惹的祸。原来是我这个初入职的"小菜鸟"小心眼了。这件事情让我明白，有时我对学生的所谓了解只是单方面的主观臆断，我应该试着真正走进他们的内心世界，倾听他们内心的声音。也是从这件事起，我的职业生涯多了一位领路人——校长。

他说：你注意身体

校长是在我前一年调到我们学校的。之前，他曾在我就读的高中任教。所以，从我入职的第一天起，校长就亲切地唤我"小伙伴"。校长并不是英语专业，但他常来听我的课，听完课后，会给我很多建议。那时候虽然压力很大，但可以学到很多东西，感觉总是满满正能量。我想我工作前三年取得的成绩，一大半都归功于校长。

记得工作第二年，我们班放学后发生了一起突发安全事件，校长知道后，第一时间打我电话："这件事学校会出面解决，你注意身体。"对于当时怀孕4个月的我而言，无疑是一颗定心丸。

他说：让他找我聊

工作第三年，我的第一届学生也读初三了，他们的学习劲头很足，在班级各方面都表现得很不错。可是班里的小乐同学突然因为家庭原因在情绪上出了严重问题，学习也是一落千丈。第一次面对这样的问题，我措手不及，一方面要帮助缓和小乐父母之间的关系；另一方面要留意小乐的情绪，感觉自己精疲力竭，但不见一点效果。校长得知这件事后，第一时间给我指点，我还保存着校长的短信内容："小乐同学压力较大，不会自我放松。虽内心有目标，但不会调整目标。所以才出现了心理问题。希望你协调其他老师多关注他，但是少给其压力，特别是作考前和考后的分析时。如有情况，请让他及时找我聊聊天。"后来，小乐定期会找校长聊天，情况也慢慢好转起来，最终顺利毕业。

他说：不要落后了

在我的职业发展规划上，校长也是指路人。记得他常语重心长地说："职称的评定每年都可能有变化，一定要早做准备，不要落后。"他还给我们年轻教师做职业规划，要求我们填写规划表，思考近三年、近五年、近十年的工作奋斗目标。确定目标之后，他也给我们年轻教师开座谈会，互相督促，积极行动。我工作的第四年被评上"教坛新秀"，第六年被评上"教学能手"，这与校长的指导和关心是分不开的。

他说：注意总结和成文

我工作的前三年是累并快乐着的，但因为有校长的引领，所以少了顾虑和纠结，多了自信和努力。第四年，校长因工作调动离开了学校。记得校长走

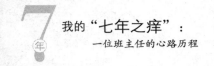

时发给我这样一条短信："谢谢你，小俞。你的努力改变了你给我的第一印象，你注意总结和成文，你会更加优秀，我看好你，也感谢你这一届的杰出贡献。"看到短信的那一刻，我才明白为什么校长当年一直听我的课。原来，我的腼腆、胆小他都看在眼里，他来听课是给我壮胆，督促我认真教学，当然，也是为了观察我的班级管理工作，怕我应付不来。他说的注意总结和成文我一直记得，所以，2016年秋，当于洁工作室招兵买马的时候，我第一时间跟学校德育处报名，希望加入这个团队提升自己。

<h2 style="text-align:center">他说：要有带班智慧</h2>

一次外出参加会议，台上坐着曾经的校长，我坐在台下，仿佛又回到了当年校长给我们开校会的场景。会后，校长见到我，关切地说："小俞，你接的班级怎么样了？接班一定要注意，不能用'强'。要多向于洁老师学习带班智慧。"没想到，校长还关心着学校，还关心着我这位青年教师的成长，我真是让校长操碎了心。

我想：唯有不忘初心、脚踏实地、拼尽全力、不留遗憾，才能不辜负校长对我的良苦用心。

成长路上，有这样的领路人，我真幸福！

制定"统一战略"，开启"洪荒之力"

——班主任与科任教师的关系之我见

班主任是学生学习成长的领路人，这赋予了班主任神圣的使命。然而，班主任工作并不是单打独斗，俗话说："一个好汉十个帮。"科任教师的支持、理解和帮助是班主任工作能否成功开展的重要因素。下面就来谈谈我从科任教师那里学到的宝贵经验。

"三人行，必有我师焉"

子曰："三人行，必有我师焉。"更何况，一个班级的科任教师又何止三人，所以，总有一些科任教师的方法对本班级有效，值得学习借鉴。

我刚做班主任的时候，我们班的语文老师的教学之道就让我获益匪浅。语文老师曾经是学校的德育处主任，初二接我们班的语文，当时，我们班的语文成绩可真不是一般的糟。可是，才一个多月下来，我已经感受到语文老师的魅力。那几个总是不交作业的孩子居然奇迹般地交起了作业，尽管还是有缺漏的地方，但至少他们已经踏出了想要进步的第一步。记得有一次，语文老师拿出全班作文分数最低的孩子的作文，在全班面前读了一下，本以为会严厉地批评他，谁承想，语文老师把里面所有能发掘到的优点都拿出来表扬了一遍，之后再让大家说说缺点。后来，连那个孩子都站起来说了自己需要改进的地方。随后，就是让大家改写这个孩子作文的时间了，大家自然改得很带劲。

仔细想想，这节语文课并没有很高深的地方，可是，语文老师却抓住了孩子都想学好的心理，通过先扬后抑的方法，既给了"学困生"面子，又给了其他学生表现的机会。这样的教学小机智还有很多，比如，语文老师批改的作业上都会有一些"不经意"的五角星、三角形、圆形等标记，用来评价孩子每一道题的答题情况。这些小方法恰好是我们其他老师会忽略的，我们总会抱怨孩子的回家作业质量有多糟，却少了一双发现"美"的眼睛，如果我们能尽量去发现孩子每次作业的闪光点，哪怕是小小的一个，给予及时表扬，那对孩子来说定是巨大的肯定，因为它们都是孩子努力思考的结果。

"三个臭皮匠，胜过诸葛亮"

也许，我们不一定会碰到一个方法独到、能力极强的科任教师，那如何才能更好地打造一个良好的班集体呢？我想：只要班主任与科任教师一条心，一定能事半功倍、马到成功。

我担任初二（4）班班主任时，班级学生还算乖巧懂事，但总有那么几名调皮捣蛋的学生。一次，物理老师刚上完课就跑过来跟我说，小陈上课又注意力不集中了。我一听，马上停下手头的工作，跑到教室门口，这时正好是一节活动课，学生正要去操场活动，于是我随他们下楼去活动。借着散步，我依次叫了几名成绩好的学生询问了他们最近的学习情况。最后，我找到小陈，他很乐意和我谈话（因为我把他放到成绩好的学生里了）。我先表扬了他书写上的进步，他说会继续把字写好。随后，我告诉他最近几次我巡视班级时，发现在里面听课的他有过几次注意力不集中，尤其是在一节物理课上。物理是初二的一门新课，大家都没有基础可言，如果不把基础打好，那后面的路就会比较艰难了。随后还告诉他物理老师上次还表扬过他的一次作业呢。他听后，一个劲儿地向我保证会好好听课。接下来的几个星期，我每次悄悄巡视时，他都听得非常认真，成绩也有所进步。

试想一下，如果当时我直接冲过去找到孩子，然后对其教育一番，结果会怎样呢？初中这个阶段的孩子一旦认为是科任教师去班主任那里打小报告，便会对科任教师产生敌意，渐渐地会对相应的功课失去原有的兴趣，学习成绩自然会受到影响。所以，班主任所要做的是在帮助孩子的同时，更要拉近科任教师与学生的关系，千万不可破坏他们之间的关系。一定要记得：一个班的老师和学生就像是一条船上的人，一荣俱荣，一损俱损。

"金无足赤，人无完人"

不管是科任教师还是班主任，都是普通人，都有自己的七情六欲，都会有脾气失控的时候。有时，一次糟糕的作业会让科任教师气得跑到班主任面前"告状"或者直接叫家长过来。这时，班主任千万不可认为科任教师是在挑战班主任的权威，或是在指责班主任的监管不力和能力缺失。其实，这恰恰说明科任教师心里有这个班的学生才会如此，所谓"情到浓时方会怒"，便是如此。所以，发生这类事情时，我会尽量心平气和地帮助科任教师一起解决存在的问题，多从他们的角度考虑问题，并及时与相关学生和家长进行沟通，最大限度地把问题处理好。因为，一个班级一定需要一个统一的战线，有了一致的目标才会有高效的执行力，才会把一个班级建设得更好。

平时，在与科任教师的交流中也要注意方式方法，尽量报喜不报忧，以免给他们的心理造成太大的压力，影响工作质量。在每学期开始，班主任要主动联系科任教师，将自己的班级管理设想和措施告诉他们，同时也征询他们对班级学生的要求，互相协调，统一要求，联手把学生教育好。

总之，处理好与科任教师的关系直接决定着一个班级能否获得良好的发展。只有与科任教师一起制定"统一战略"，才能开启构建和谐班级的"洪荒之力"。我们荣辱与共，同舟共济，一切为了学生，坚持并加油！

中途接班之思

3

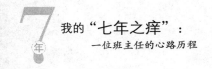

我的接班攻略

一通电话提早结束了我的暑假生活，学校教务主任告知我，我将接手初三（1）班和（3）班，并担任初三（3）班班主任。

初三（3）班我是早有耳闻的，之前他们的英语老师和班主任向我吐过苦水："这个班上课一大片人要睡觉的。"虽不是第一次接班，但我内心不自觉地忐忑起来。于是，我马上开启一级戒备模式，制定接班攻略，投入"作战"。

第一招：知彼知己

《孙子兵法》有云："知己知彼，百战不殆。"要想做好班主任，第一步就是要了解自己班上的学生。我向之前的班主任要来了初三（3）班的学生情况调查表和前两年的考试成绩。仔细分析了考试情况后，我对部分家长进行了电话访问，主要询问孩子学习、生活等情况，做到心中有数、有的放矢。同时也借此了解下家长的想法，了解家长对孩子的监管情况，为后续的家校工作做好铺垫。对于一些主动发我暑假作业的学生，我甚至给他们发电子邮件，以送去我的希冀和鼓励。

第二招：借力合力

父母是指引孩子进步的旗帜。借助家长的力量，三方合力，才是把班级治理好的关键。首先，"整顿"家校联系QQ群。我加入了班级家校群，根据学生名单核实家长身份，确保每一位家长实名，让部分学生退出了家长群以及拉一些未入群的家长入群。接下来，我写了一篇名为《关于家校沟通》的文章，发表在自己的微信公众号中，告知家长我通常与家长沟通的六种方式。最后，我与班级的家委会成员进行沟通，询问前两年班级的总体情况，希望从家长的口中找到一些班级管理的突破口。家长的眼睛往往能看到班主任没有留意到的东西，有助于班主任全面看待一些问题。

第三招：精彩亮相

报到前一天，我在微信公众号中发了有关报到攻略方面的内容，详细告知学生报到必须注意的10件事。报到那天，为了给学生留下美好的第一印象。我穿了一件白色T恤，看似简单，但其实是有"小心思"的。衣服上面是一只芭蕾拳击兔，衣服边上有一个英文单词slay，意为"可以是淑女，可以是女汉子"。其寓意为：大家一起努力拼搏、勇往直前、秒杀全场。

第四招：共同命名

海子说："给每一条河每一座山取一个温暖的名字。"班名是班级文化中显性文化的一部分，也是班级精神文化的集中体现。所以，开学后，我布置了一个任务：大家一起为班级命名，并解释其内涵。开学第一周，我收齐了所有的命名；第二周，我把每一名学生的命名发布在微信公众号上，让家长一起参与班名的初选；第三周，和班干部一起进行商讨。最后，我们班的班名诞生了——奋力班，其寓意为：势如破竹，勇往直前。通过共同命名，我希望学生知道，每个人都是班级的一分子，借此增强班级的凝聚力。

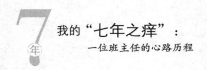

他回来了！

　　"他回来了！"这是2018年10月8日我和班级的任课老师说的第一句话。他是谁？他是——小鹏。其实，我还未曾见过他。我开学接手现在的班级，而他自从6月转去了戒网瘾的学校，至今还没露面，直到国庆节放假期间，他爸爸打电话告知我：孩子要回来上学了。

　　我自然有疑惑：网瘾戒了吗？

　　"老师，孩子说在那边实在太苦了，他说他会回来好好上学的，我相信他。"这便是小鹏爸爸的原话。我告诉他，网瘾并不是这么轻易就能戒掉的，孩子若回来，他一定要做到全程接送孩子，尽量保证孩子接触不到网络。电话那头，他一个劲地保证着。

　　终于到了10月8日，早上6点40分，我接到他爸爸的电话："老师，我带孩子到教室门口了。"我那时正好刚到学校，赶紧走到教室。我终于见到这个小鹏了。和我想象的完全是两个样子。我眼前的小鹏，是个干干净净、高高瘦瘦的小伙子，看上去很清秀。这让一切都变得有了希望。

　　第一件事情就是小鹏的座位问题，由于想多观察一下他，我让他暂时坐在第一排。半天下来，就有任课老师跟我反映，他和隔壁的小刚"眉来眼去"，不认真听课。于是，放学的时候，我让小鹏和小宏换座位，仍然是第一排，只是把他和小刚"隔离"了。

　　第二天早上，小鹏并没有换座位，小宏跑来告诉我："老师，是我不想换。""为什么？"我有些不解。"就是不想和小鹏换。"脸上分明写着"嫌弃"二字。看来，小鹏并不受欢迎。但是，为了表现我的权威，我还是让他们换了座位。好在，小鹏安分了几天，小宏也渐渐适应了。经过一个星期的观察，我对小鹏有了比较深入的了解，考虑到他的身高，我让他坐到了第三排，位置算是固定下来。

可没想到，放学时，坐他后面的小珊就来找我"诉苦"了："老师，小鹏有点高，挡住我视线了，我看不见。"其实，小鹏和之前坐她前面的孩子差不多高。想来，是小鹏又被"嫌弃"了，可见他之前做的"糊涂事"着实不少。

我迅速找来班长，果然印证了我的猜测：之前小鹏上课睡觉，下课调皮捣蛋，还不洗澡，周围的同学总是被他熏得难受。怪不得大家都不想和他打交道！

我找到了原因，心里却一点也没感到轻松。拨通小鹏爸爸的电话，我委婉地告诉他小鹏在校的现状，反复强调为了孩子的"朋友圈"，一定要让孩子勤洗澡、勤换衣，这样坚持下去，才有胜利的一天。

一转眼，小鹏回来已经有半个月了。在此期间，他上课没有趴着睡觉，这应该是最大的进步。但他由于连着4个月没有上学，功课落下较多，听课比较吃力，作业质量也相当糟糕。我找他谈话多次，他话不多，眼睛忽闪忽闪着，对自己充满不确定和怀疑。我便鼓励他先在曾经擅长的数学学科上多下功夫，一步一步慢慢来，逐渐地提高，最终才能找回自信。或许是时候未到吧，他一时没有什么进步。不过，我始终希冀着他会好起来。

等待孩子进步是一个漫长的过程，他们会绕路、会摔倒、会停滞，但是正如教育家苏霍姆林斯基说的："教育者的关注和爱护在学生的心灵上会留下不可磨灭的印象。"我会继续保持着对小鹏的关注，多关心、理解他，让他尚在凛冬的心灵花园能够冰消雪融，迎来春天的气息。

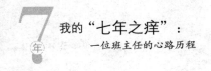
我的家访日志

——孩子，你就是一朵风雨花

为期一个多月的家访活动落下帷幕，这段时间与家长们的点点滴滴如同纪录片在我脑海中不断放映着，也不断让我感动着。作为接班老师，我对家长们可以说是一无所知的，我们也是第一次见面。心理学上有个"首次效应"，指交往双方形成的第一次印象对今后交往关系的影响，即"先入为主"带来的效果。可见，这第一次见面非同一般，必须精心准备。

要准备些什么呢？我觉得先要做好"三备"，即备学生、备家长、备好课。

备学生，即利用在校时间努力了解每一个孩子的情况，让家校沟通更有针对性。

备家长，即了解家长的工作、作息情况，对孩子的监管情况，以及家长们的教育理念，这需要平时利用电联和短信多多与家长沟通，这样可以让指导更深入。

备好课，要把和家长讲的话写在纸上，在家提前练习，努力给他们提供实用的家庭教育干货。同时也要注意时间的把控，尽量控制在半小时以内，以免影响家长工作和休息。

在这次家访活动中，我走访了近20个家庭，让我印象最深的是小希。开学时的家庭情况登记表中，她写了父母离异，所以，我有意去她家走一走，想做一个更深入的了解。一天放学，我和小希母亲通了电话，因其不在家，让我联系小希奶奶，但电话却始终打不通，于是，我叫来正要回家的小希，让她带路。

　　到了小希家我才发现，她一直是和奶奶相依为命，妈妈带着弟弟改嫁了，每周只回来看她一次，之前的家长会也都是她奶奶出席的。她奶奶在讲述的时候几度哽咽。孩子爷爷死后，就只有她陪着小希，靠做钟点工为生。可是，今年上半年，苦难又席卷了这个家庭——她被查出肾病，需要定期住院治疗，没法再工作赚钱了，这无疑是雪上加霜。言语中，她反复说着对不起小希，不能给她更好的生活。

　　小希则在一旁安静地吃着奶奶特意为她做的晚饭，一碗红烧鸡翅和一盘青菜，她时不时用目光注视着奶奶，说着："奶奶，没事的，会好起来的！"奶奶说孩子喜欢吃鸡翅，所以这是专门为她做的，而她因为身体不佳，只适合喝一些粥。听完之后，我内心深处对这个家庭充满了敬意。

　　小希这孩子平时为人低调，学习十分认真，各方面都是班里的佼佼者，她的体育尤其出色，参加过昆山市运动会。要不是今天家访，我根本不知道她家竟是这样的情况，因为我在学校里看到的小希始终是一个乐观、开朗、积极、向上的孩子，在她脸上看不到一点忧伤。多么懂事的孩子啊！她把悲伤都留给了自己，也许在某个孤独的深夜，自己一个人慢慢消化着吧。风雨花总是在大雨过后盛开，所以它的花语是坚强勇敢地面对自己的挫折与困难，而小希不就是一朵傲然挺立的风雨花吗？我深深为自己是小希的班主任而感到骄傲不已。

　　这次家访不是一贯的说教现场，而是一次倾听。作为一名倾听者，我倾听着小希的过去，感动着小希的不易，坚信着她的明天会更加美好。对于这个家庭来说，我所能做的，也许就是竭尽全力地关心她、帮助她，让她感受到更多的温暖。

　　这次的家访活动虽然结束，但和家长们的沟通才刚刚开始，家访的路还要继续。愿我能和家长们齐心协力、奋力拼搏，携手一起仰望星空，脚踏实地，遇见生命中更多的美好！

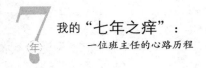

圣诞节贺卡

　　快到圣诞节了，作为一名英语老师兼班主任，我是不是应该做点什么呢？没错！圣诞节时，我都会给孩子们准备小贺卡，里面写上我的祝福语，夹在他们当天交上来的作业里，给他们一个小惊喜。渐渐地，这成了我工作8年来的传统，今年也是如此，我早早地买好贺卡，利用每天的碎片时间，写起了贺卡。

　　每写到一个孩子的名字时，我的脑海里就会立刻浮现他的样子、他的行为、他的语言以及和他相处的点点滴滴，画面竟是如此美好和谐，这是我没有料想到的。因为这学期我接手了一个大家眼里的"烂班"，各科成绩几乎都是年级垫底，而且男女生比例严重失调：男生有30人，女生有18人。初三接班，我作为他们的第二任班主任和英语老师，不可能没有压力。

　　一开始，我批改他们的作业，尤其是周末作业时，升腾的怒火总会让我几乎失去理智——"怎么会讲过了还是错成这样？"然而，再大声的批评和训斥都不足以发泄我心中的怒火。"究竟应该怎么办？"这个问题一直困扰着我。周围的同事们则时常安慰我说："尽力就好，别太累着自己。"

　　后来，我开始阅读教育书籍，希望从书中寻找答案，同时也向师父于洁老师寻求帮助，并坚持看她写的文章，她的从容不迫给了我一种精神引领。慢慢地，我了解了很多治班之道，这才发现自己太过急于求成，忽视了这个年龄段孩子的身心特点。于是，我开始重新审视自己，审视班级的每一个孩子。

　　我们一起制定班名、班级口号，每天一大早我协助课代表收作业，监督值日生做好值日工作，我告诉孩子们每一件平凡的小事都要认真做，才能做出不平凡的事情来。遇到问题，我们一起想办法，人多力量大！

　　功夫不负有心人。期中考试，我们班有了很大的突破，缩小了与其他班级的差距。虽然上课睡觉、拖拉作业等现象还是时有发生，但我已经明白，教育不可能一蹴而就、一劳永逸，我必须和孩子们一起坚持，在曲折中前行。最让我感动的是期中考试以后的运动会，孩子们报名十分积极，几乎当天就报满了所有项目。女生的表现更是可圈可点：18名女生全部报名体育项目，每个人都为班级尽了一份绵薄之力。最让人佩服的是体育委员小伟，他的纵身一跃打破了学校的背越式跳高纪录，为班级获得运动会团体总分第一名打下了坚实的基础。

　　看着他们的进步，我乐在心里。有人说："教育的艺术不在传授，而在鼓舞和唤醒。"我想：我要做的就是去鼓励他们，唤醒他们身体里的学习潜能，让初三少留遗憾。

　　贺卡终于写完了。这是孩子们第一次也是最后一次收到我的圣诞贺卡，不知道他们收到贺卡时会是什么样子。我想画面定是美妙非凡的，我期待着见证他们人生中一次次的精彩瞬间。

　　此刻，请让我大声对孩子们说：圣诞节快乐！2018年，我们一起仰望星空，脚踏实地。2019年，我们一起朝着梦想前进！前进！前进！

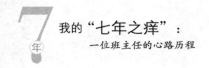
雨杰，你慢慢来

我要讲的是我和雨杰之间的故事。

第一次听到雨杰的名字，大概在一年前。那是一次普通的聊天，同事满脸自豪地对我说："我们班雨杰那小子很不错，多次年级第一，是个好苗子。"自此，便记下了这个名字。

人生真是奇妙。

上学期，我突然被安排教初三（3）班，还成了班主任。看着班级名单，我第一眼就看到了这个名字——雨杰。报到前一晚，我刚加入班级群后，第一个加我好友的就是雨杰。

缘分真乃奇妙也！

虽然还没见面，但在与他短短的QQ交流中，我脑海中浮现出的是一个外表冷酷、内心炙热的孩子，一个很想为班级服务的孩子，一个喜欢钻研理科题目的孩子。第二天一见面，果然如此。接下来的课堂上，我关注到雨杰上课专注、爱思考、善提问、反应快，不愧是尖子生，我对他有了更多的期待。可是，慢慢地，我注意到他的一个"致命"弱点：动作慢。

他是化学课代表，收作业总是要比别的课代表慢些；考试时，总是要比别人做得慢些；体育课时，跳绳也比别人跳得慢，达不到及格线。最要命的是，由于他动作慢，做回家作业总要到深夜，严重影响自己的休息。

一个反应这么快的孩子动作竟然这么慢？如果快起来，他就可以更优秀了。于是，我决定帮帮他。接下来的日子，我只要一看到他便会说："雨杰，快一点，一定要抓紧时间！""雨杰，你做什么事都得对着手表，提高效率！""雨杰，……"

可是，似乎事与愿违，他变得容易出错了，正确率开始降低，多次测试不理想。我看他开始急了，可是束手无策，因为我比他更急。

究竟是什么原因？一次偶然的心理培训，我了解到"感知觉统合"这个概念，原来由于先天或后天的影响，有些孩子会出现反应快、动作慢的现象，到了初中这种症状很难矫正。也许，雨杰就是如此吧。因为我的无知和自以为是打破了雨杰本来的节奏，导致他惊慌失措，反而丢掉了原来的稳定。

我开始"放过"雨杰，不再每天去催促他快一点。看到他由于晚睡而显露疲惫时，我会递给他一瓶清凉油，帮助他清醒；看到他因为一道难题反复钻研时，我不会去干扰催促他，而是给他时间思考；虽然他收作业慢，但是收得非常认真，对每一名同学负责到底。渐渐地，雨杰不慌了，找回了自己的节奏，期末考试，雨杰又是年级第一。

的确，我们生活在一个"快时代"，有时候，似乎不知不觉就把"快"定义为"好"，总觉得"慢"就容易被社会淘汰。在快的路上奔驰着，一不小心就把那颗初心给弄丢了。

感谢雨杰让我警醒："快"不一定会更好，"慢"也有自己的一片天地。在未来，雨杰也许会因为他的"慢"失去一些机会，但是相信他的"慢"必有用武之地。他仍可以在适合自己的岗位上发光发热，贡献自己的力量。

对于雨杰，慢慢来便是好。

雨杰，初三剩下的路，我愿陪你一起慢慢地走！

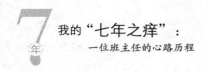
最好的爱是手放开

初三二模后的一天，我刚踏进教室，小黑板上的一首诗就映入我的眼帘：

昆中震川，一马平川！

昆山一中，一考必中！

开高柏庐，尽都网罗！

南洋文峰，周市陆家，

巴城费中，We are coming！

这首小诗把我市所有的高中串联起来，一看便知是小好同学的杰作。

小好是我们班公认的才女，她经常在报纸杂志上发表文章，所以，当时全班同学全票投她为语文课代表。同学们都很崇拜她，也很听她的话，而且，她可以说是历届课代表中最出色的。

但凡是语文早读课，她一定在早读课开始前就让同学们安静下来，有条不紊地开始她的早读课。多数时候，她不采用齐读的方式，而是以提问、讲解等形式开启一天的语文学习。有时她会提问自己归纳的易错字词，有时则是讲解课外名著要点，有时是总结文言文的一词多义。总之，她为了早读课费尽心思，变着法子让同学们掌握基本考点。

所以，只要是语文早读课，我一点都不用操心班级的纪律问题，她俨然一位小老师。我对她很满意，可是回想上学期，我差点毁了一位这样好的课代表。

刚接班，也许是想"新官上任三把火"吧，我定了各种规定，对课代表也进行了很多"指导"，比如，几点必须收完作业，多的试卷怎么处理，回家作业必须要在下午第三课之前问好老师等。后来，我发现只有小好做不到。有好几次，虽然放学了，但她还没有布置语文回家作业。竟然无视我的命令！于是，三次以后我便不分青红皂白地批评了她，不给她一点辩解的机会。

情况总算有了"好转"，每个时间节点都在我的设想中，一切尽在掌控的感觉让我舒了一口气。

可是，渐渐地，我发现小妤的笑容似乎变少了，做事也没有以前积极了。在一次无意和语文老师的交流中得知：原来，小妤有时放学才布置语文作业是有道理的。她会根据当天各门功课的作业量，酌情布置语文作业。也就是说，如果各门功课作业多了，她会适当对作业减量，这样可以保证大家的作业质量；如果回家作业偏少，那么她会针对大家的掌握情况，适当增加相关练习。而这些都是事先征得语文老师同意的！

是我错怪她了！我要努力弥补，所以，我必须向她道歉。

第二天，我主动找她到我办公室，跟她说明了情况，并表达了我的歉意。我告诉她可以"尽情"使用她课代表的权力，全心全意为班级同学服务。我还开了一次课代表会议，鼓励课代表发挥自己的功课优势，尽力为班级同学服务，努力提高同学们对相关功课的热情，进而提高成绩。

有人说："不放手让孩子去做，犹如血液循环受到阻碍，是会妨害孩子增强体质的。"作为老师，我们一定要理智地、清醒地去爱学生。千万不能口口声声说着"爱学生"，而实际却在磨光他们的棱角，让他们变成一个个尺寸相同的"产品"。手放开，才有了今天优秀的课代表小妤，我也相信，她会在即将到来的6月中蟾宫折桂！

不管是对班主任还是对学生而言，有时手放开才会轻松，手放开才能成全，手放开才有希望。因为，最好的爱是手放开。

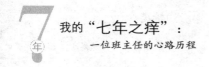

谢谢你选择了希望

中考前一天的早上，我刚走进教室，就感觉哪里不对劲。定睛一看，原来是黑板特别干净，粉笔和板擦整整齐齐地摆放着，讲台更是一尘不染。

"今天是谁值日？"我好奇地问。

"老师，是我！"小雷举起了手。

"是你？"我难以置信。

接手这个班以来，我最不满意的就是讲台和黑板的卫生情况，很少有值日生能达到我的标准，尤其是小雷。每次轮到他负责讲台和黑板的卫生，总是让我无法直视——粉笔头横七竖八，讲台上粉尘肆无忌惮地堆积，轻轻一拍就是一场"沙尘暴"，黑板上残留着深深浅浅的粉笔字迹……任凭值日组长、劳动委员甚至我这个班主任怎么提醒、教育，他依然我行我素，拒不整改。

最后，我只得联系家长，希望联合家长之力予以"围剿"。可没想到，小雷的值日问题只是冰山一角，他在家里的表现更为糟糕。

小雷妈妈透露，孩子爸爸虽然在本市工作，但因为工作特殊，一周只能回家一两次，所以，家里几乎全靠她一个人张罗。而她又要照顾年幼的二宝，花在小雷身上的时间真的不多。到了初三，小雷妈妈觉得该好好管管了，才猛然发现，孩子的好多坏习惯根本改不了。比如，回到家第一件事情不是写作业，而是睡觉，有时连晚饭也拖着不吃，睡醒之后，他才爬起来写作业。起初，小雷妈妈觉得孩子可能是学习太辛苦，没有过多地在意和阻止。后来，小雷因为回家作业屡屡被老师批评后，她才意识到问题的严重性。可是，管的结果就是无休止的争吵。后来，为了避免矛盾冲突，她也只能妥协退让。除此以外，小雷在家里也不爱打扫和整理，书桌上总是堆得乱糟糟。

我决定加入小雷妈妈和孩子的"战斗"中去，双管齐下，共同帮助小雷改变。那就先从卫生这件"小"事做起吧。

第一步是"一对一"教。每到小雷做值日，我就先把讲台擦干净，告诉他标准是什么。后来，他会擦干净讲台了。可是他忘性大，有时一放学，人就没影了。所以，第二步是提醒。我会不厌其烦地提醒他该做值日了，不断加强他的条件反射——只要一看到我盯着他，他就知道要擦黑板了。

但是几个月下来，我发现效果并不显著，他依然会忘记做值日或者草草了事。和他妈妈联系后，也是同样的结果。我和他妈妈似乎都有些泄气，可眼看着中考临近，谁都不敢放弃，也不愿放弃，更不能放弃。就这样，我们坚持着去提醒他、教育他，尽最大的努力，留最小的遗憾。

因此，那天早上，当我看到那一幕时，内心是无比欣慰的。我几乎是含泪说出了表扬的话："真不错！"全班同学也向他投来赞许的目光。那一刻，我看到小雷笑了，真好！

李吉林老师说过："要教会每一个学生使用自己的双手创造美好生活，这是我在教学上的最大愿望。"小雷成功用自己的双手为初中生活画上了圆满的句号。我想：无论中考结果如何，小雷都不是失败者。因为那天早上，他选择了希望，所以，他定会收获成长——在希望中成长，在奋斗中成长，在坚持中成长。

小雷，恭喜你，毕业了！谢谢你最后一天的选择，我很欣慰！

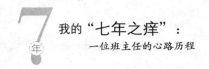

确认过眼神，你是可以进步的人

暴假的一天，我在家整理初三接班一年来的资料，打算"送走过去，迎接未来"。突然，一张英语学习进步卡从一本笔记本里掉落出来，上面写着晨晨的名字。晨晨，他怯生生的样子一下子浮现在我的眼前，他的故事就这样在我脑海里呈现。

晨晨个子中等，皮肤黝黑，十分腼腆，很少说话，他和同学沟通时，总是一副怯生生的样子。总之，他是一名很难让人注意的学生。

他在班级是这样的"渺小"，以至于刚开学上课时，我真的都不会注意到他，回答问题也总想不起来叫他，他在我眼前仿佛是隐形的。

我是什么时候注意到他的呢？是他母亲发来的一条短信。

短信的具体内容我已经记不得了，大致意思是：孩子性格比较内向，学习看着还挺努力，可英语成绩进步不大，他们也不知道问题出在哪里。希望老师给予帮助。

作为班主任兼英语老师，我几乎每天都会收到这样的短信，但是这条短信却引起了我的注意。因为我竟然没有关注过晨晨的英语成绩，更谈不上去分析他英语成绩提不高的原因。想到这里，我有点惭愧。为了弥补，我马上翻看了他的英语成绩，结果是：他的成绩非常稳定，平时测验100分的试卷，每次都是60多分。我又翻看了他的默写情况：全对的次数不多，但每次错的也不多。再根据平时他留给我少之又少的印象，我猜想，他应该是有潜力的，出现的问题可能是由于他的极度不自信造成的。

我马上制定了我的策略：知识上我先不过多过问，我首先要做的就是给他信心，让他对自己有足够的信心。

可是，因为他特别腼腆，所以，我没把他叫到办公室谈话去给他灌输自信的重要性。我既怕吓着他，又怕他多想——让他误以为我对他有意见。经验证明，这样的孩子一般都比较敏感，他们会很在意老师的每一句话。

接下来的日子，我坚持着不刻意去找他说话，而是借着默写全对的名义表扬了他几次。哪怕他错了，我递给他本子的时候，都会多说几句类似这样的话："晨晨，你其实可以全对的，完全有实力，相信自己！"当然，还伴随着我肯定的眼神。而他总会抬起头，还是那个怯生生的样子，但是眼神里多了一丝光芒。我想：那大概就是他对自己的一点信心吧。

一段时间下来，他没有一鸣惊人，只是慢慢地、默默地努力着、进步着。每当他的学习成绩有波动时，我就给予他肯定的眼神和话语。我不清楚他是不是感觉到了，因为他怯生生的样子一点都没有变。

一直到中考，我们之间也没有发生什么惊心动魄的事。中考成绩揭晓，晨晨英语考了111分（总分130），等第是优秀。其余功课相比二模都有进步。当他把高中录取通知书的照片通过QQ发给我看的时候，我给了他一个大大的"赞"。他这样回复我："老师，谢谢！"这是我们这一年中唯一一次的QQ聊天，他的"谢谢"二字无疑印证了我之前的猜想，我为我能帮到他而无比欣慰。

回想晨晨和我的故事，我最想感谢的是晨晨妈妈，是她的主动沟通，让我去关注到这样一个孩子。我也为自己不善于观察而感到自责。我虽明白人无完人的道理，班主任也许不可能去关注到每一个孩子的变化，但是，我相信只有不断反思、不断学习，才能让我在班主任之路上走得更远。

最后，我想对晨晨说："成长没有白走的路，每一步真的都算数！未来的你定会更自信地走好脚下的路。请相信自己，老师已经确认过眼神了！"

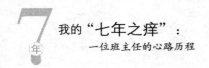
积分卡与红包的完美结合

工作七年多来，我一直在思考如何评价考核学生，仅仅是根据学生某次考试的成绩吗？就在我彷徨无助之时，魏书生老师的"班级量化考核"给了我很大的启发，于是，我开始不断摸索自己的奖励机制，在这学期，我就把积分卡和红包来了一个完美结合。

积分记过程

开学初，我就给孩子们每人一张积分卡，让他们把在校的点点滴滴都记录下来，作为期末评先评优的一个依据。我的积分项主要包括：默写、背书、班级卫生和其他文体活动的参与情况。每次记一分，集满十分再可以换新的积分卡。我把积分任务分配给班委和课代表，这样大大减轻了我的负担，我也就可以有更多的时间投入教学和班级的其他日常管理中去。

孩子们虽然是初三，但因为我是中途接班，他们之前没有体验过类似的活动，所以，他们兴奋十足、热情高涨，每天都在各个负责人的带领下努力地积着分，不断实现着一个个小目标，朝自己的大目标迈进。

瞧，那个之前默写比较糟糕的乐乐正在绞尽脑汁地背着单词，希冀着默写得到进步；那个报名运动会跑步的壮壮正在夜以继日地训练，期盼着拿到第一名；那个总是忘倒垃圾的昊昊正在清理着垃圾箱，争取为班级卫生评比加分助力。

过程性评价记录学生发展的点滴，用良好的记录和成功的喜悦推动学生的发展，让学生在良好的氛围中不断前进。

红包来总结

在期末考试前，我宣布本学期的积分活动结束，我要开始发红包了。我把大家的积分卡进行了清点，因为每个孩子的积分卡分值不同，所以得到的红包数额自然也是不同的。为了让我的红包与众不同，我不仅选购了比较有特色的红包纸，而且精心准备了独一无二的钱币。为此，我不惜动用了自己儿时的"积蓄"，那是我从小到大积攒的硬币，论年份，多数都是比孩子们的年龄还要大。相信很多00后的孩子都没有见过他们出生前的钱币吧。这样，对他们来说，红包便有了别样的意义。不仅如此，我还在每个红包上写了寄语，都是简单的八字箴言，意在给他们打气，鼓励他们继续突破自我、永攀高峰。

果不其然，当孩子们拿到"沉甸甸"的红包时，他们都迫不及待地打开，看着这些特殊的硬币，我想：他们心中一定是充满爱和感动的。当天晚上，家长们也"沸腾"了，纷纷发来短信感谢我对他们孩子的鼓励和付出。

本学期虽然前所未有地忙碌，但是回首过往，我会心一笑，我的"七年之痒"——养育的路上，一路欢欣，一路成长，彼此相携，仍如初见。

七年中，我的半亩鱼塘里，肥了一群又一群小鱼儿。

进步时，他们对我的粲然一笑，让我内心暖暖；

退步时，他们脸上的愁眉紧锁，让我绞尽脑汁。

四届学生，七年之养。七年中，我们始终在一起，向着更美好的积分、红包之路继续前进。

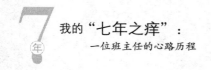
永远，永远，永远不要放弃！

亲爱的鱼儿们：

恭喜你们顺利从"鱼塘"毕业啦！可还记得？去年9月，我对你们说："这个鱼塘被我承包啦！"在我承包鱼塘的这一年中，我们始终在一起。我们在一起，脚踏实地，仰望星空；我们在一起，戒骄戒躁，砥砺前行；我们在一起，追求梦想，共同成长，书写着我们的幸福。

天下没有不散的宴席，离别自不必太过伤感。此刻，离别之际，我想和你们说：永远，永远，永远不要放弃！这是英国首相丘吉尔应邀在一所学校毕业典礼上的讲话。短短一句话，却触动人心。

不放弃，为什么？

中考不是终点，而是你们人生的第一个转折点。不论你们去往何处，都会面临更大的挑战，都不能放弃。如愿考上重点高中的，你不能放弃，因为接下来你周围高手如林，你只能不放弃，才能让自己不落后；只是考上普通高中的，你也不能放弃，三年后的高考是另一次洗牌，你只能不放弃，才能实现三年后的逆袭；就读职业学校的，你更不能放弃，因为你现在确实"落后"了，你只能不放弃，掌握一门技能，加强理论学习，让自己在未来的三年、五年或者十年里成功反超。

不放弃，靠什么？

2019年是红军长征出发八十五周年，而你们会在今年开始人生的第一次"远征"。红军长征靠什么？军旅作家王树增说："长征本质上就是一条信仰之路，长征胜利靠的是信仰。"而我们不放弃，靠的也是信仰。因为我们相信

66

"天道酬勤"——这是我们学校的校园文化。校园里，每天早上迎接我们的就是"百勤图"。每一幢教学楼都用"勤"字命名——勤合楼、勤毓楼、勤思楼、勤德楼、勤敏楼、勤逸楼、勤学楼……在每一幢教学楼里，都有我们一起努力的身影。所以，天道酬勤，这就是你们的信仰，请你们一定不能动摇。

不放弃，图什么？

我想：这就是你们不放弃所要图的东西——成就感和尊严。你要知道，人生的每一次努力、每一次不放弃都算数，都会为你来日的成功添砖加瓦。

最后，作为班主任，我希望你们：

铭记我校的校园精神——踏实、厚道、微笑。正如我校钟海琴副校长在一次学生集会上所说："踏实做事，去挖掘生命的深度；厚道为人，去拓展生命的宽度；微笑人生，去提升生命的高度。"

作为英语老师，我希望你们Stay Hungry，Stay Foolish（求知若饥，虚心若愚）；我希望你们多阅读、多思考、多总结，让自己的人生越走越充盈。

鱼儿们，永远，永远，永远不要放弃，努力向前冲吧！

永远爱你们的俞老师

2019年6月16日

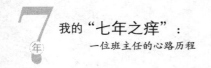

做老师，不要总和学生较劲

那年，我接手两个初三班级英语，并成为一个班的班主任。开学前，之前的班主任便好心地提醒我："俞老师，这个班级可难弄了。成绩差也就算了，关键是有些学生还特别难管。"他还给了我一串学生名字，一个个告知学生的"另类情况"。出于一种高度的教师职业责任感，我对这些孩子开启了特殊的"关照"模式。

在报到前，我就一个个拨通了这些孩子家长的电话，了解孩子之前两年的学习和生活情况，希望借助家长的力量一起并肩作战。但是，家长们几乎是同一个回复：老师，我们家孩子特别难管，在家一点都不听话，还希望您严厉管教，拜托您了。

就这样，我的第一步设想以失败告终。但我不轻易放弃，于是便有了接下来的家访之行。在期中考试前，我对这些孩子都进行了家访，深入了解孩子的原生家庭，希望通过观察，进一步找到帮助孩子的良药。我还把自己认为可行的做法介绍给家长，希望他们时刻盯着孩子，做好孩子的监督，及时向我汇报情况。当然，如果孩子在学校有任何问题，我也会第一时间告知家长。家访结束，我有一种大功告成的感觉。

在学校里，我对这些孩子时刻保持警惕。我让班长时刻关注那个上课经常偷偷溜出教室的小雨，一有情况马上向我汇报；对于那个上课一直睡觉的小星，我则是给了他一个VIP专座，坐在讲台边上的"特殊座位"；而那个一直偷买偷吃零食的小杰，我则当着全班人的面把他的所有零食扔到了垃圾桶……一切似乎尽在我的掌握之中。

可是，期中考试以后，非但班级成绩没有多大起色，这些"另类孩子"的情况也愈来愈糟糕，和我的关系也是每况愈下。终于，"暴风雨"来了。因为小雨又一次在美术课上不知所踪，我叫来了他的家长一顿训斥，小雨在家长离校后，情绪失控，怒视着我并且大喊："我恨你，你和他们都一样！"说完便背着书包往校门口走，他人高马大，我怎么拉都拉不住，最后被门口保安成功拦下。在学校领导的帮助下，孩子总算情绪稳定了。

而我却心如刀割：小雨为何会如此恨我？我到底该怎么办？

比学生先放下

那天晚上，辗转难眠的我鼓起勇气向于洁老师求救。她这样回复我：没有一个学生是真心想和老师过不去的，不把学生惹急了，学生一般不会主动攻击老师。一个老师永远不要对一个学生耿耿于怀，因为没有任何意义。人与人相处，需要放下，老师与学生相处，闹了矛盾，老师要比学生先放下，因为老师是成年人，相对理智。要处理好情绪，再来处理事情。

说醍醐灌顶一点都不为过，我马上听从了于洁老师的建议，采用"冷处理"的方式。在接下来的几天，我偷偷留意小雨的情绪，但不让孩子察觉，以免他产生抵触。看得出来，他还在赌气，上我的课就趴着，不认真听。我就叫他回答很简单的问题，答对了就进行表扬，让他渐渐把心放下。几天后，他上课情况有了好转，趴着的时候少了，还认真记起了笔记。课后，他还主动跑来和我讲话，他告诉我说，自己英语基础实在太薄弱，上课完全听不懂，不知道怎么办才好。我告诉他坚持才能看到效果，基础不好可以靠勤奋来补救，我作为他的英语老师，一定会尽全力帮助他。

我终于明白，孩子是不记仇的，有时，往往是我们老师放不下自己的身份，在近乎盲目的自信中追求所谓的尊重，最后却落得个"身败名裂"的下场，不仅在学生面前失了颜面，还让自己深陷痛苦泥潭而不能自拔。做老师，不要和学生较劲，要让自己过得充实快乐，就必须要去原谅"伤害"自己的人。所以，原谅别人的初衷不是为了别人，而是为了自己，为了让自己的内心重新上路。

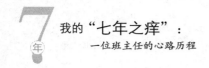

在错误中成长

著名教育家李镇西说过："几乎可以这么绝对地说，任何一个教育者在其教育生涯中，都会犯这样或那样的错误。区别优秀的教育者和平庸的教育者，不在于教育者是否犯错误，而在于他如何对待已经犯了的错误。"

在小雨的事件中，于洁老师的指点让我及时发现了自己的错误，才避免了事情朝更糟糕的方向发展。由此，我反思了自己接管班级以来的点点滴滴，发现真的是一步错、步步错。在处理这些"另类学生"上，我从一开始就错了，而且错得很离谱。因为之前班主任的一句话，我就对这些孩子产生了极其不好的"首因效应"（"首因效应"是指交往双方形成的第一次印象对今后交往关系的影响，也即是"先入为主"带来的效果）。我对他们的所谓第一印象，并不是我自己的感受，而是通过别人的描述所带来的模糊而片面的印象。对于这些孩子来说是极其不公平的。我在为自己的失误而感到深深愧疚的同时，也马上开始了新一轮的教育计划，我希望我能抛开那些所谓的第一印象，去竭力发现班级每一个孩子身上的闪光点，去感受他们如七色花般绚烂的生命色彩。

著名法国文学翻译家傅雷先生曾在《约翰·克里斯多夫》的卷首语中这样写道："真正的英雄不是没有卑贱的情操，而是永远不会被卑贱的情操所征服；真正的光明不是没有黑暗的时候，而是不会被黑暗所湮没。"同样的道理，真正的教育者也不是没有失误，只是他总会从失误中汲取新的前进力量，把教育失误变成教育财富。

每个孩子都是主角

做老师，中途接班是常有的事，接管的班级，十有八九都是所谓的"烂班"。也许很多老师会有这样的困惑：面对一个人人口中的"烂班"，作为班主任，将如何力挽狂澜？

一千个读者，就有一千个哈姆雷特；一千位老师，一定也有一千个答案。不管是哪一种教育方法，不忘教育初心，才能马到成功。而在错误中逐渐成长起来的我，也开始有了属于自己的教育思考。

　　小雨的事让我明白，每个孩子都是独一无二的，都值得被理解和尊重。自那以后，我开始和孩子们约法三章，共同制定班名、班级口号和班规，其中的一条班规是：班级兴亡，匹夫有责。这是借鉴昆山名人顾炎武的一句话："天下兴亡，匹夫有责。"意思是：我们班级荣辱与共。只要班级有进步，必全员表扬，一起分享喜悦；如果班级有退步，就人人反思，一起屡败屡战。我想给班级的孩子们传达这样一个理念：在你们的生命里，自己就是永远的主角，其他人都是配角。在这个班级中也一样，你们每个人都是这个班级的主角，要相信自己的实力，你们每一个人都能为班级贡献力量，一个都不能少。而我们老师便是你们的配角，配合你们一起完美演绎一部奋勇向前、荡气回肠的人生话剧。

打开一扇窗

　　中途接班之后，在和家长的相处上，我也做了深刻的反思。一开始，我把这些"另类孩子"的家长孤立出来，给予特殊的"关照"，看似是我在重视这些孩子的家庭教育。其实，在家长眼中，我也许只是一个爱打"小报告"的老师，孩子一有什么问题，我就打电话"告状"。在我所任教的学校中，很多学生是外来务工人员子女，他们的父母经常三班倒，忙于生计，很少有时间管教自己的孩子。为人父母，哪一个不希望自己的孩子各方面优异、光宗耀祖啊！可是，迫于生活的压力，他们的孩子许多曾是留守儿童，好不容易到了初中，有能力把孩子接过来和自己一起生活，生活又给了他们一记重创：孩子不听他们的话！如果我继续这样做，只会让他们的亲子关系变得更加糟糕。

　　那我作为班主任，是不是可以为这些家庭"打开一扇窗"呢？于是，亲子阅读活动应运而生。让家长们每天抽出15分钟陪伴孩子一起看课外书，并做好记录，进行打卡行动。然后，定期开展班级读书会活动，让家长和孩子一起说说读书心得体会，最后形成文字稿，用作班级交流，一学期下来将这些文字体会装订成册，留作纪念。

　　短短的15分钟，却换来了巨大的改变。家长和孩子慢慢有了共同话题，家长对孩子的了解多了，抱怨少了，彼此关系也亲近了。

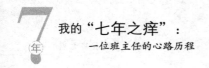

　　泰戈尔说过："真理之川从他的错误之沟渠中流过。"教育路漫漫，作为一个探路者，尽管我深知前方险阻，但我愿意在挫折中摸爬滚打，在错误中成长，接受人生风雨的洗礼，学着放下自己，不忘自己的教育心。

教书育人之喜

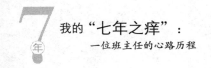
门其实是开着的

周一，注定是我的"苦难日"。

周末两天假期似乎是一个亘古不变的魔咒，把孩子们无一例外地打回"原形"，有如初一刚进校那几天：四五门科目、一二十位组长前后穿梭，混乱地收着作业，课代表们更是徘徊在各个小组中慌乱地催着；其余的随时形成数不清的原点，向四面八方"发射"。桌碰椅动，呼喝笑闹，刺耳的声线不绝于耳，恍若身处"菜市场"。值日生们完全没有意识到今天是他们值日的第一天，教室和走廊里竟看不到一个打扫的身影。最关键的是，我已站在门口多时，却无人发现。等到终于有人注意到我了，可是，早读课的铃声骤然响起。那一刻，我的内心是凌乱的、崩溃的、痛心的，心中就如同有千万只蚂蚁在撕咬着一般。

但还没完。萱萱没带政治课课练，小乐的数学试卷找不到了，小俊的历史直接交了白卷……桩桩件件刻不容缓，我忙不迭地行动起来——

打电话给萱萱妈妈，让她赶紧把政治课课练送过来。

帮着小乐翻箱倒柜地找数学试卷，希望会有"奇迹"出现。

找小俊了解情况，问清作业没做的原因，叫他利用课间及时补上，再联系小俊妈妈，如实通报情况，询问周末两天孩子在家的情况，反复强调家长要对孩子进行严格监督。

唤来课代表们了解各科作业情况，查看各科作业记录本，清查作业内容，挑出质量不佳的，对其轮流进行思想教育。

……

74

学生与我交集的每一个空当——课间、午休、自习都被我最大限度地充分利用，不浪费一点时间。直到一系列固定程序结束，我才余怒未消地重重关上教室的门。

不知不觉中，时钟指针已接近放学点。回顾周一这一天，一地鸡毛漫天飞卷，我顿生疲惫不快之感。累，但并不光是身体的疲惫，更多的是心"累"，万念俱灰，心灰意懒。虽然我明白，努力不一定会有回报，但眼见上周、上上周乃至更加久远的艰辛苦楚化作一团不清不楚的雾水被周一的"骄阳"烘烤得无影无踪——

"已经初三了，期末考试在即，中考也不远了，大家为什么不能为自己认真一点点、努力一点点、拼搏一点点呢？太让我失望了！"这是本周一班会课上我反复提到的一句话，也是每一个周一我重复频率最高的一句话，痛心疾首已不足以表达我的心情。而他们只是狠狠地垂下头，恨不得把脑袋埋进桌子里，也不知是无言以对还是无"颜"以对。或许，这才是他们的"必修课"吧，老师的谆谆教导、苦口婆心只是一阵过耳的轻风，轻飘飘地拨不动半点涟漪。

当失败成为常态，雄心沦为无奈，整天整天地奔波奋斗却换来毫无起色的日常以及看不见黎明的未来，这样的日子又有几人坚持得下来？

我回到阔别大半日的办公桌前，桌上的教材还是早上刚来的样子，翻开的备课笔记也还一笔未动。我又一阵心烦意乱。

"那就随他们去好了，眼不见，心不烦！"我赌气似的把面前的书一推，"笃笃笃"几声，歪倒的水杯险险稳住——我瞬间想起，这是婷婷为我精心挑选的教师节礼物，上面有一条小鱼，和我的姓氏"俞"字正好谐音。顺着它看过去，桌角上的纸包又映入眼底，那是咱班雯姑娘带给我的治嗓子"神药"，她爸爸还告诉我很多偏方，好几次都帮了大忙……下意识地拿过手机，被我特意珍藏起的内容呼之欲出，其中一条短信："三年的路，有您陪伴，我们不会孤单……"洋洋洒洒337个字，这是宣传委员静静在教师节时给我送上的祝福，正是这文字让我在数九寒天的夜晚感受到温暖如春。解锁手机，相册里记录了他们在校的点点滴滴：连续两年拿下运动会总分第一，多次文化课平均分第我的"七年之痒"：
　　　　一位班主任的心路历程

一，数不清的黑板报评比优秀……随手拉开抽屉，第一眼便对上微微自制圣诞贺卡上的笑脸……我怎么可能将这些一股脑抛却，只为每周一早晨的10分钟清净呢？

　　放学铃声把我拉回了现实，我喝了当天第一杯水后，走向教室，步履依旧沉重。

　　教室里，孩子们正等着我放学，出奇地安静，大概是知道我还在生着气吧。课代表们布置完作业后，我一改往日的滔滔不绝，简短地说："期末考试倒计时6天，大家一定要争分夺秒。"然后，目送他们一个个离开。"老师再见！"他们一个个有礼貌地和我告别，这也是这两年多来的习惯。

　　"路上小心点，作业认真点，睡得早一点。"他们惴惴的背影，让我憋不住又加了几句。几个孩子回过身，鞠躬似的点头。

　　"他们到底是上了心的吧，老师对他们的教导？"我默默地祈祷着。

　　周二早晨，教室里明显有了秩序：组长们收作业的速度快了许多，四处流窜的人影少了许多，闲聊的嗡嗡声轻了许多，教室和走廊里有了值日生忙碌的身影……早读课的铃声一响，整齐而明亮的晨读声将我头天晚上不确定的疑问换成了感叹号。

　　周二至周五的早读，孩子们几乎称得上秩序井然、可圈可点。

　　"他们听进去了。"周五放学，我依旧微笑着与他们告别，尽管我深知，下一个周一也许又将是"昨日重现"。

　　等待学生的成长与其说是等待花开，不如说是等待他们走出人生最初的迷宫。他们会绕道，会后退，会一时被路边的诱惑乱了心神，会一时因为疲累倒头"撂挑子"。他们的肩膀太过稚嫩，离了师长的耳提面命，时常会在与令人懈怠的环境和自身弱点的战斗中败下阵来。但至少他们中间的大多数并不是有意的，不是有意要挑起我们的怒火，更不会以此为乐、为荣。对于我们耐心的引导或是不耐烦的训斥，他们其实心存感激，并在每一个值得期待的日子里，一点一滴地渗入我们的世界，那不仅是办公桌上可人的装饰，更是心底最柔软的情愫源泉。而我需要做的，就是不抛弃、不放弃，不介意无数次重复"再来一次"，并一次次地肯定、告诉自己：坚持下去，就是胜利。因为只有坚强的人，才能在曲折中前进。

　　下一个周一，忙碌或者忙乱过后，我会轻轻带上教室的门，虚掩着，留一道缝——其实，门一直是开着的。

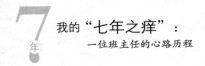

微微一笑

2015年8月，我参加了江苏省雏雁计划，赴澳洲培训两个月。等我回来上班的时候，已是10月8日。学校安排我教初一两个班的英语，并担任一个班的班主任，而我不在的一个月，由数学老师代理班主任。回国之前，有老师告诉我："数学老师狠抓纪律和卫生，把班级弄得井井有条呢！"我心中大喜，幸福之感油然而生。但当我踏进班级第一眼看到板报的那一刻，脑中顿时涌上两个字——失望：板报是粘贴式，随随便便几张打印纸，零零散散地挂着，一看就是没有准备充分。

或许是我太过追求完美吧。我摇头苦笑，找来宣传委员。

这也是我和微微的第一次见面，她喊了声"报到"，走进办公室。见了我，笑了一笑，小酒窝、长睫毛，让人感到很舒服。

"微微一笑很倾城！"我忍不住赞叹。她腼腆一笑。

我直言对板报的"不满"。她也坦言时间仓促加上经验不足，确实没有做好，下次一定会全力以赴。我把学校10月份的板报主题告诉了她，让她好好准备，我还建议她可以试着动员班级其他同学，毕竟人多力量大。

没想到，第二天，她就把设计稿放在我的案头，叫我提建议，还给我布置了任务——打印一些大字，字体为华文彩云，字号为500。但这一次并不是她的"独角戏"，班级许多同学在她的动员下参与进来。集体的力量初显成果，板报焕然一新，并获得了我的高度肯定。

接下来的一年多，我们一直如此，互相支持、互相配合。她的设计一次比一次有创意，我们班的板报得到了德育主任、各科老师乃至其他班级同学的一致好评。但微微不满足于此，在班级主题班会上，她还主动请缨做主持人，自己撰写主持稿，帮着一起排练节目，最后在学校主题班会评比中，我们班也是名列前茅。作为班主任的我，心里更是美滋滋的，得此微微，真是幸福啊！

转眼到了初二下学期，就在微微"事业"如日中天之时，她却愁眉苦脸地找到我，说："老师，我不能再担任宣传委员了。"

"为什么呢？你这么优秀呀！"我很震惊，从来只有做不好的黯然退场，从没听说过做得好的拱手相让。

"我最近一直纠结着，还是忍不住跟您说，我现在实在没有好点子了，我的创意都用完了，恐怕接下来要让您失望了，所以，我还是选择退出。静静在这方面很有天赋，而且她经常帮我一起布置，她应该可以担任宣传委员一职。"说着，她竟然抽泣起来。

我很意外，尽力安慰她，并让她给我时间考虑。当晚，我辗转难眠，恍然想起，微微最近确实笑得少了。我竟然都没有关注到她的变化。对她来说，一次又一次的表扬和肯定，何曾不是一次又一次的压力呢？而她没有抱怨，也没有敷衍，哪怕她打算辞职，也不忘帮我推荐人选，多么懂事的孩子！我越想越觉得自己是一位不称职的班主任，我怎能如此大意？可是，我又不想就此答应她。因为我想让她知道，人在一生当中，遇到挫折在所难免，不幸和挫折可以使人沉沦，也可以铸造人的坚强意志，成就充实的人生。苦难是人生的一位良师，要学会用感激的心情、积极的态度对待一切问题，勇敢地参与社会竞争。

幸好，我的劝说和鼓励打动了微微，她决定继续坚持。然后，我又找来静静，让她做微微的助理，她爽快地答应了。

初二下学期，学习生活渐趋紧张、忙碌，但并没有影响微微和静静的工作。相反，她们的工作效率大大提高，总能给班级同学看到一期又一期赏心悦目的板报。或许是板报的激励和熏陶，班级的学习氛围也浓厚了不少。

故事一直这么幸福地展开，直到今年的12月7日。

那天，我正在办公室批改作业，微微突然冲进办公室，我正诧异她怎么没喊"报告"，就见她的眼泪夺眶而出。

"这是什么课？你怎么跑出来了？"我必须先问清楚。

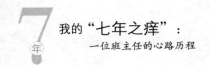

"美术课，我的任务已经完成了，我和美术老师请过假了，说过来找您……"她哭出了声。

我不知所措，手忙脚乱地抽纸巾给她。她擦了擦眼角，但泪水再一次涌出。

"肯定不是小事。"我默默揣测。考虑到办公室里还有别的老师，我提议道："去操场聊聊吧。"

"好！"她抽泣着答应。

来到操场，我开门见山："发生什么事了？"

她努力止住抽泣，断断续续地说："老师，我实在是太难过了。我爸妈离婚了。"

原来，暑假里，她的父母偷偷离婚了，但仍住在同一个屋檐下，所以，她起初并不知情，直到弟弟被送回老家，母亲也从家里搬走，租住到外面。聪明而敏感的她大概猜到了什么，追问她的父亲，才终于得知了实情。

看她失魂落魄的样子，我一时不知道如何安慰她。我知道她很伤心、很痛苦，但我无法感同身受。"微微，我也许永远无法体会你此时的感受，但是我相信，你能跨过这个坎儿。现在说出来了，心里好受些了吧？"我轻轻地环住她的肩膀，握住她的手，尽力地劝导她。接下来的15分钟，我给她讲述了我童年的坎坷经历，希望她能理解。其实，家家都有一本难念的经。

"老师，谢谢您！这几年，我开不开心你都看在眼里，所以，我今天努力在你面前装出开心的样子，可还是失败了。哎！不过，老师，我有一个请求，我可不可以不做宣传委员了。之前我想放弃，是因为我怕做不好，后来有了您的鼓励，我坚持了下来。现在，我不是想放弃，只是，我觉得我得先调整好自己的心态，希望把自己调整到最好的状态，再来做您的左膀右臂如何？"她勉强露出一丝笑意。

一时间，我心里五味杂陈。一个十五岁的孩子，命运给了她重重一击，她却还是这么懂事，懂事得让人心疼。

最终，我同意了她的请求，不过我告诉她，只是让她从"台前"转到"幕后"，她还要继续做班级板报的"顾问"，协助新任宣传委员开展好工作。她爽快地答应了，向我微微一笑。

微微推荐了静静做宣传委员。静静做了宣传委员之后，因为兴趣使然，工作相当卖力，她在小细节的布置上相当到位，板报效果较之前也有过之而无不及。虽然初三了，但我们班的板报事业不但没有因为越发繁重的课业变得萧条，反而蒸蒸日上、一路"飘红"，让老师和同学们惊喜连连。

精彩纷呈的板报背后，是微微和静静一起出谋划策、为班级尽心尽力的身影，这总让我幸福感满满。在和微微三年的相处中，我体会到了作为一名教育人的职业幸福。我的一举一动能给微微带去那么多勇气和力量，帮助她努力走出人生的困境，让她的人生变得越走越丰盈。不仅如此，在帮助她的同时，我也是在帮助我自己啊！这便是所谓的"渡人如渡己，渡己亦渡人"吧！

感谢微微一笑，让我幸福到永远！

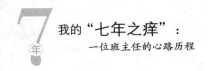

"睡神"醒了

我教（3）班和（4）班，是（4）班班主任，可是那天我却去了（3）班一个孩子家里做了家访，原因在于"我实在忍不住了"。

小福是一个这样的孩子——身材矮小，皮肤黝黑，总是有一对黑眼圈，为什么呢？因为他晚上总是不睡觉，黑白颠倒，到学校就是"休养生息"的，故被同学们誉为"睡神"。在多次和他家长电话沟通不见效果后，我有了去家访的念头。

我没有事先联系他家长，想去他家碰碰运气。运气不错，他和妈妈在家。我说明来意后，他妈妈热情地邀请我进去聊聊。一进门，我惊呆了，他家的客厅全是各种空调主机和零件，连一个放凳子的地方都没有。他妈妈忙解释说："老师，太不好意思了，孩子他爸是安装和修理空调的，我们正在搬家，家里乱得很，您到孩子房间待会儿吧。"这时，我来到隔壁小福的房间，他正在整理被子，他看到我有点惊讶，也有点不好意思。这样的冬天，他光着脚穿着夏季的拖鞋，我脱口而出："小福，你先去把袜子穿好，着凉了可不好！"孩子很配合，跑出去找袜子了。

这时，我环顾了一下他的卧室，虽然是在搬家，家里比较凌乱，但我能感觉到这个房间平时就是一团糟。屋里没有书桌，只有一张迷你八仙桌，上面还有吃剩的饭菜，地上有凌乱的各种书籍。我不想打扰他们搬家，所以长话短说。交流中，我得知小福父母平时都很忙，所以陪孩子的时间很少，孩子几乎处于放养状态，他们有时甚至连孩子晚上几点睡觉都不知道。当着小福的面，我们一起签订了使用手机的协议，我告诉小福睡眠对于他这个年纪的孩子来说是多么重要！我掏出事先准备好的清凉油，递给他说："如果晚上没熬夜，白天上英语课还是困的话，老师送给你一个'神器'哟，你下次上英语课前抹上试试，看看有没有效果。"小福表示愿意一试，一旁的小福妈妈只是一直重复着："谢谢老师，孩子给你们添麻烦了。"

接下来就是见证奇迹的时刻了。星期一，上午的课，小福没睡；星期二，上午的课，小福没睡；星期三，下午的课，小福没睡……一个星期下来，小福居然都没有睡着。周五放学时，我表扬了他，为他这周的行为点赞。但是，我也指出："上课不睡觉只是第一步，接下来要尽你所能听好每一节课，默好每一个单词。"小福点头表示接受。接下来的默写订正，他也总是很及时，没有无故拖沓。我为孩子的改变感到欣慰，但我也清楚，在接下来的时间里，他的行为可能会有反复的时候，我一定要尽力多鼓励、引导、帮助他，希望他把自己的坏习惯彻底改掉。

苏联著名教育家苏霍姆林斯基说过："没有家庭教育的学校教育和没有学校教育的家庭教育，都不可能完成培养人这样一个极其细微的任务。"毋庸置疑，家校合作是学生健康成长的重要保障，而家访便是促进家校合作的有力动力。这次对小福家的家访让我体验到了家访的魅力。通过家访，教师可以更加直接地了解学生和他的成长环境，也会让学生觉得老师很关心、重视自己。希望接下来我能走进更多的学生家里，帮助他们走好三年的每一步。

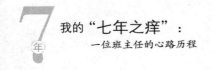

"意外"的收获

2016年12月28日晚8点38分，我收到毛毛妈妈来自"智慧昆山"App的短信，内容是：俞老师，毛毛从家里楼上平台不小心摔下来了，现在在昆山第一人民医院就诊。收到这样的短信，我的神经立刻绷紧了，马上拨通了他妈妈的电话。电话那头，孩子妈妈很着急，她说孩子现在在做CT，还不知道具体什么情况，但是，孩子是清醒的，能回答她的问题，还能正常走路。听到这里，我的心踏实了一点，想着孩子应该没有生命危险，我告诉他妈妈，一会儿等孩子检查完出来再联系。

接下来的一个小时很难熬，在忐忑中，我接到他妈妈的电话："老师，检查结果说没事，只是眼睛部位有淤血，要一段时间才能退，明天还要进行全身检查，所以恐怕明天要请假了。哎，马上就要期末考试了，这可怎么办？"我急忙安慰她，告诉她说："孩子没事是最好的消息，先把身体养好，等重返学校后，老师们都会给他补课的，而且孩子基础不差，没问题的。"等到和他妈妈说完，我一看都10点了，这短短的一个半小时，我却感觉经历了很多，突然感慨生命的脆弱。毛毛——一个成绩平平、学习不太认真的孩子，就这样让我一夜未眠。

第二天，7点左右的时候，我给毛毛妈妈又打了一个电话，毛毛妈妈说孩子一整晚睡得很好，没什么事。下午，我参加了一个心理说课比赛，回到学校已经5点多了，学生都走了，这时我才想起来忘记叫学生给毛毛带作业了。于是，我打电话给毛毛妈妈，她说："孩子又做了个检查，确定没事就回家了，小晴同学已经帮忙把作业带回来了，不过还要请一天假，因为眼睛还肿得厉害。"

我一口答应，告诉她："正好是元旦了，让毛毛好好休息，祝早点康复。"

　　12月31日，即星期六下午，我决定去毛毛家看看。因和他妈妈有过一年多的接触，知道她经常上夜班，我想她应该在休息，就自己按照地址找过去。一切顺利，我很快找到了毛毛家。进门后，看到毛毛正在边吃泡面边看电视。看到我，他有点惊讶，马上不敢吃面了。我把带的牛奶和水果递给他，笑着说："病人怎么能吃泡面呢？去拿把小刀，老师给你削苹果吃。"我边削着苹果边说："眼睛肿得这么厉害怎么能看电视呢？肯定没听医生的话啊，快把电视机关了。"毛毛很听话，关了电视机，吃起了苹果。这时，毛毛奶奶过来了，一见我，她便说："还是老师厉害啊，我叫他不要看电视他不听。"她还跟我讲了毛毛坠楼的经过，原来是他被平台上的绳子绊倒了。"医生说真是奇迹啊，像会轻功似的。"我也感慨道："俗话说，大难不死，必有后福啊！毛毛，我相信你接下来一定会让老师刮目相看的，对吧？！"他看着我，点了点头。

　　真没想到，2016年的最后几天是以这样的事件结束，尽管过程惊心动魄，但所幸结果是好的，相信经历了这次"生死劫"，毛毛同学一定会更加珍惜生命、珍惜时间，学习更上一层楼。

　　果然，在期末考试中，毛毛没有因为缺课等原因成绩下降，反而进步了很多。我很为他开心，希望他接下来平平安安。

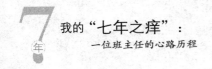

从"头"开始，让心归零

　　不知从什么时候开始，一种发型在班里的男生中流行起来：头发微长、微卷，留着刘海。仔细一琢磨，我恍然：这不就是电视里当红"小鲜肉"的发型嘛！本想着青春期的孩子爱美是自然的，只要不太过分，我可以容忍。但没想到的是，这股风气愈演愈烈，很快，他们就不再只满足于发型，着装也越发夸张——宽大上衣、紧身裤、露脚踝。理所当然的，其心思更不在学习上了——作业草草了事，上课滥竽充数，下课厕所集会……我忍无可忍，决定从"头"开始整顿一下这股"妖风"。

"擒贼先擒王"

　　班里第一个剪这种发型的是洋洋，他现在已然是班级男生的时尚风向标，有一大群追随者。古人云："射人先射马，擒贼先擒王。"所以，他自然成了我的头号"标靶"。

　　我直接找来洋洋，开门见山地说："自从你剪了这个发型后，老师发现你的学习每况愈下，所以，我希望今天回去你把头发剪短。"

　　"老师，我怕冷，剪得短太冷了。"他竟然编出一个这么不靠谱的理由。

　　"4月，春暖花开，不会冷了。"我拆穿他。

　　"老师，这是理发师帮我剪的，而且我妈妈也同意。"他搬出家长做挡箭牌。

　　"我之后会和你妈妈沟通，但是，请你今天回去把头发剪短。"我态度强硬，他一脸无辜，勉强答应了。

然而第二天，他照旧顶着那捧"小波浪"招摇过市，不过眼神躲躲闪闪的，大约是心虚吧。我立即拨通了他母亲的号码。

"老师，现在初三了，他更不让我管了，他剪什么发型我根本管不了，还请您多费心，他还是很听您的话的。"他母亲抱怨不迭。

又一位把我看作"圣母玛利亚"的家长。这些年，类似这样的家长回复屡见不鲜。在他们眼中，仿佛老师修炼过一种神奇魔法，叫"专治各种不服"。但是美好的想象终究无法打破事物发展的必然规律，在孩子的成长道路上，家庭教育不可或缺，绝不是学校教育所能包办替代的。因此，做好家庭教育对学生身心健康成长极其重要，不容忽视和推卸。学校教育要有成效，家长的配合是必要条件之一。班主任与家长最理想的关系应是通力合作者，而不是商家与客户的关系。

可惜，理想很丰满，现实很骨感，所以我的第一招以失败告终。

分化瓦解，各个击破

出师未捷，我开始抱怨，抱怨孩子们不听话，抱怨家长不配合，孤立无援的我只能调整心态，把自己"归零"，从"头"再来。

翻阅了心理学的书籍之后，我明白这个时期的洋洋是典型的逆反心理，对无视其"自我意识"存在的外界因素，常想方设法予以反抗，其主要表现为：对老师和家长的教导、劝说和约束要求不肯听从，经常强词夺理。如果教育者采取责骂等惩罚手段，他们的情绪会更为激动，表现出"横竖横"的心理行为。

于是，我更换了策略。既然班级有多个孩子理这个发型，那么，我可以逐个沟通、各个击破。最重要的一步是，我需要找到一个突破口。很快，我便锁定了涛涛。

我眼里的涛涛少言寡语、行为低调、胆子不大。他也会去理这个发型，着实刷新了我对他的认知。我与涛涛促膝长谈，我告诉他初三最后的半年，拼的不是颜值，而是态度。希望他能从"头"做起，剪去使他学习分心的"烦恼丝"。或许是我的亲切和诚恳打动了他，他很爽快地剪回了原来的样子。

按照此法，我把相关人员都找了个遍，榜样示范法初见成效，他们成功剪

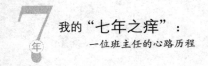
短了头发。最后便只剩下洋洋了。

洋洋没有了这群追随者，一下子失去了往日风采。一个不经意的早晨，我发现他悄然剪回了原来的发型，衣着也得体了，上课也有精神了。

"妖风"一除，班级恢复了往日的平静，平静得似乎未曾有过涟漪。

我的第二招大获成功。这一招我运用了心理学的从众心理，即指个人的观念与行为由于群体的引导和压力，不知不觉或不由自主地与多数人保持一致的社会心理现象，通俗地说就是"随大溜"。"大溜"就是群体凝聚力，群体凝聚力越高，个体对群体的依附心理越强烈，就越容易对自己所属群体产生强烈的认同感。我便是运用群体凝聚力成功地把洋洋拉了回来。

智者说："心态归零，责任才能归位。"此次头发风波，让我明白了一个道理：抱怨解决不了问题，只有把自己"归零"，不等待，不埋怨，不消极，积极学习心理学知识，努力寻求科学方法，才能焕发一种高度的事业心和责任感。

靠近你，温暖我

有人说过："没有爱的管教是一种摧残，师生之间是靠爱来维系的。"当我怀着一颗爱心走近班级的孩子们时，我发现，我的内心也温暖了起来。

昊昊——体育委员，成绩优良，是班级的"文明之星"。去他家家访，完全是出于巧合。

那天，我去班级一名学生家里家访，结束后，我走到村口，碰巧遇上了昊昊。

"老师好！"他很有礼貌地和我打招呼。

"这么巧，你也住这儿吗？那能带我去你家参观一下吗？"我临时起意。

"好吧！"他有些犹豫，但还是答应了。

我们走过一家又一家，都快把村子走完了，最终，我们在一个一层简易房前停了下来。他们家居然在简易群租房里！看他平时的衣着和学习用品，我以为他们家的条件不差。

我随他走了进去，整个十几平方米的房间放满了东西：两张床、一台电视机、一张小桌子、一个五斗柜……东西虽然很多，但是不乱。

昊昊母亲正好在家。我了解到，昊昊父亲为了出去跑运输，把家里所有的钱拿来买了卡车。现在他父亲每天在外面跑长途，很少回家。昊昊母亲为了方便照顾他，在附近找了一份工作，但难免有夜班，所以，昊昊只能自己回家做饭、洗衣、做作业、睡觉。

听到这里，我不禁为昊昊竖起大拇指，说："这么小的一个孩子，居然有这么强的独立能力，不仅能把家里整理得井井有条，还能把自己的学习处理

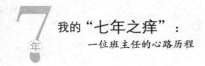
好。"

针对昊昊的在校情况，我向他母亲做了简单的陈述："作为学生，他上课认真思考，积极举手发言，作业一丝不苟；作为体育委员，他关心集体，工作认真负责，是老师的好帮手，同学学习的榜样。"

可是，一旁的昊昊却眉头紧锁，或许是不想让老师知道他家的情况吧。于是，我把自己小时候随父母居住在鱼塘上的经历和他分享：同样也是一间屋子，里面两张床，当时，连自来水都没有，还时常会有蛇等动物来"做客"……昊昊听着听着，眉头渐渐舒展开来。我鼓励昊昊要继续自信、踏实地走好接下来的每一步，向心中的目标不断奋进，来报答辛苦照顾自己的母亲和在外奔波的父亲。

古人云："知其心，然后能救其失也。"走近孩子和他们的家庭，了解到很多难以想象的实际问题，这让我可以更好地帮助他们走出暂时的困境，也可以帮助我改善班级管理方法，并在一定程度上提高班级管理水平。

当我把文文狠狠批评一顿，而在第二天收到他的贺卡时，我知道，我走进他的心里去了；当我们在学校文化艺术节上合唱《真心英雄》，最后全班高举歌词一起朗读"把握生命里的每一分钟，全力以赴我们心中的梦，不经历风雨，怎么见彩虹，没有人能随随便便成功"时，我知道，我们的心是凝聚在一起的；当我在每个节日收到学生自发送的手工贺卡、红笔芯、鸡蛋和薄荷糖时，我知道，我是最幸福的人。

和孩子们的点点滴滴，时时刻刻感动、温暖着我，让我感受到了孩子对老师的爱。爱是教育中重要的因素，是一种发自内心的热情，是教师育人的前提，也是教师的一种教学艺术和能力。这种爱就像冬日里的温暖阳光，弥足珍贵。

多给孩子一些爱心吧，让爱的阳光温暖他们的心灵，让爱的雨露滋润他们的成长！

伤心的理由

　　"老师，您知道吗？我以前是不喜欢英语的，甚至可以说是讨厌。直到您来教我英语，我才对它有了一点兴趣。一开始，您对我很好，态度也很好，当然您有时也会很严厉地批评我，我知道这都是为我好，让我进步。可是，最近我就是默写默得很差，您也不多批评我，几乎把我当成空气，我好伤心，希望老师还像以前一样关心我，我很想把英语学好。"这是今天早上躺在我抽屉里的一封信，没有署名，但是一看字我便知道是小周。

　　刚开学那会儿，在整理学生情况调查表时，我发现小周在父母是否离异那一框里写了"是"。奇怪，上学期明明还是"否"，而且，我放暑假前还和他父母就孩子的学习情况交流过。孩子父母都在外地做生意，平时很少回家照看他，连仅有的两次家长会和一次家长开放日都没有出席。上学期几次和小周交谈下来，我发现孩子独立能力较强，因和奶奶两人居住，家里很多活儿都是他干，学习成绩中等，但对自己要求不高，总给人不太努力的感觉。暑假里就听说这学期他母亲要回来工作了，我还替他开心，他终于可以和母亲一起生活了。

　　于是，我马上找他过来问清情况。他低沉着脸，轻声地说："老师，我暑假里听亲戚说父母离婚了。"说着眼泪就掉了下来。我还是第一次见他哭，赶紧握着他的手，希望给他力量。我告诉他："不管怎样，他们都还是你的父母。"他说："老师，妈妈不知道我知道她和爸爸离婚了，我不想让她担心。老师也帮我保密吧！"多么懂事的孩子啊！孩子走后，我后悔今天是不是不该去问孩子，不该去揭他的伤疤。接下来的日子，我一直比较关注他，尽量少批

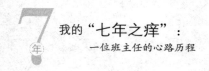

评他，可我万万没想到这竟成了他伤心的理由。

但是，值得欣慰的是，他还愿意对我敞开心扉，向我寻求帮助。于是，我当下给他回了封信："小周，我很开心能够收到你的信，谢谢你愿意相信我！原来，老师对你的'特殊照顾'却成了你的负担。你知道吗？这两个月来，我没把你当成空气，只是换了一种方式。我一直默默地关注着你，喜着你的进步，忧着你的退步。当我知悉你的家庭变故之后，我一直小心翼翼着你的情绪，很怕伤害到你。看来，是老师没有选对方法，忽视了一些你的想法。另外，既然你想提高成绩，那就得做好吃苦的准备哟。期中考试在即，把每天的任务用心做好，相信你很快会进步的。你要相信，没有战胜不了的困难。我很赏这种交流形式，可以继续保持下去！接下来，期待我们一起进步！Try your best！Believe you can！"

这次事件以后，我深刻地意识到教师需要的不仅是一颗爱心，更需要具有良好的观察和沟通能力。每个孩子都是故事，每个孩子都期望得到老师平等的对待和关注。希望接下来在处理问题时，我能有更深入的思考、更细致的观察和更巧妙的方法。教育的过程就是点点滴滴的积累——教育智慧的积累和学生进步的积累，我相信我会做得更好！

什么才是个"好"

"她怎么这道题都错了？"语文老师的话回荡在我的脑海，她就是今天的主人公——茜茜。

茜茜是班长，工作能力强，但平时为人很低调，总是为班级默默付出，坚持做好每一件"小事"。班级电脑、教室无人灯、黑板上的一日课表都由她负责，从没有一天落下过。初一、初二时，她学习成绩优异，同学们都习惯了以她为榜样。可到了初三，尤其是下学期，她的学习开始出现波动，走起了下坡路。各科老师急坏了，我作为她的英语老师和班主任，更是忧心忡忡。

行动派的我立刻采取了以下措施。

第一步：谈话，希望能够帮助她找出原因。和她的几次谈话中，我都能感受到她也很疑惑，不知道问题出在哪里。看得出来，她自己也很着急，但是懂事的她最后还不忘对我浅浅一笑，让我放宽心。

第二步：家访。她的父母平时和我联系较频繁，但都只是短信和电话沟通，所以，我决定来一次近距离的接触——家访。就我先前的接触，我能感觉出她父母对她学习的重视，她的一次次退步对他们而言也是巨大的打击。

那是一个周日的下午，知道我要去，所以她的父母都在家里。她的家里收拾得井井有条，看得出来父母平时也是注意细节之人。

"老师，我们也没有给孩子太大的压力，就是看着她成绩下滑得厉害，却只能干着急。"这是她父亲的开场白。

我从学习方法上进行了指导，希望茜茜能够改善方法、注重效率、保证睡眠。但也不要完全打破自己的节奏。整个家访交流顺畅，家校一条心，大家都

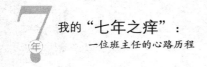
充满希望。

第三步：找帮手。考虑到也许是班级工作牵扯了她的部分精力，我给她找了个得力的帮手。说明这一想法后，她欣然接受，和帮手相处得很融洽，班级各项事务开展得井然有序。

然而现实是残酷的，茜茜的情况并没有得到好转，反而变得愈来愈糟，二模以后，就变成了文章开头的场景。总之，她整个人很不在状态。在这段"特殊时期"，她并没有忘了工作，一切班级大小事宜都在她的掌控中。也许，这就是所谓的学习"瓶颈期"吧。而我已是黔驴技穷、无计可施。

期末评选"三好学生"，没有了茜茜的名字，我不禁难过起来。"三好"是指思想品德好、学习好、身体好。曾经的茜茜就是如此，可现在却少了一点，而对于一名应届的初中生而言，这一点也许是至关重要的吧。很多时候，社会评价一名初中生，主要是看考上了什么重点高中。茜茜——一个这么努力、积极的孩子，也许无法达到这个标准，但是能说她不是一名好学生吗？

此刻正是中考进行时，看到语文的作文题是《什么是个好》。我不由得问自己："对于一名初中生而言，什么才是个'好'？"当一个孩子拼尽全力却没有考上理想学校，甚至连考高中都没有希望时，你如何评价他？真的是只要尽力就好了吗？

于是，我开始思考：对于茜茜的教育，我是成功的吗？究竟什么样的教育才是个"好"呢？

她的感想

那天，冬季三项比赛结束，我回班总结了几点，主要是缺点：不够团结，掉以轻心，自以为是。

拔河时，我看到了人心涣散、推卸责任，输了就互相埋怨。我痛心的不是名次成绩，而是一些孩子的做法。这让我一下联想到了——学习不也是如此吗？

于是，我动员班级的孩子们写个感想。截止日期为当天晚上10点。因为感想这东西，时间长了就失去了意义。

没想到，有8名同学在10点之前发来了感想，小雨就是其中一个。当我收到小雨的感想时，我很意外。说实话，当时我的脑海里浮现出一句话："怎么是她？"

小雨是一个默默努力的女孩，平时一直默不作声，回答问题时，她的声音非常小，走近了才能听到，而且正确率也不高。作为她的英语老师，我看得出来，她学得很吃力，但是她从不喊苦、喊累，只是默默地坚持着。两年多来，她的英语作业一直做得很认真，默写也很用心，英语成绩一直保持在班级的中等，这很不容易。但是她的理科成绩非常薄弱，有时作业也偶有偷工减料的现象。

她的感想一共672个字，内容很简单。我想：她一定是鼓足了勇气才发给我的，这让我很感动，冬季三项比赛中留给我的负面情绪也随之烟消云散。这是她第一次挑战自己，第一次为自己代言。所以，作为一种鼓励，我把她的感想发在了微信公众号里。

接下来的日子，我给了她更多的关注，经常会让她做英语课代表的小助

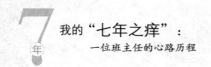
手，帮忙清点默写纸、记录默写情况等。没想到，她整个面貌有了改观，比如：课上回答问题大声了一点；课后和班级同学的交流多了一点；笑容也比以前灿烂了一点；去数学老师那里订正题目的次数也比以前频繁了一点。尽管都只是一点点，但是能够去努力改变，这就迈出了一大步。

看着她一点点的变化，我才知道原来我对她的一点关注、一点肯定和一点鼓励，对她而言却是如此重要。

最近，我看她闷闷不乐，和她家人联系才得知她爷爷生病住院了，病情不乐观。我愿她能坚强面对，我也愿能帮到她更多。

附上她的感想：

今天上午是在上课，下午则是举行了冬季三项比赛。我没有参加任何比赛项目，而是作为一个观众看别人比赛。

刚开始是初一、初二的比赛，我并没有仔细地去看，而是无聊地等着。等到我们班比赛的时候，我和同学一起看着他们比赛。先是比双飞跳绳，虽然我们班的女生并不会跳"双飞"，但她们仍然坚持跳到比赛结束。我们班男生跳得还是不错的。然后则是踢毽子，我看到我们班的男生踢毽子，简直比我强太多了，我都不知道能不能踢4个呢。当然女生踢得也不错。

接下去是长绳比赛，不知是练的次数太少，还是不够团结，我发现我们班失误多次，而且还是在同一个人身上出现失误，看着别的班都没有断过，而我们班却失误这么多次，我十分着急，到最后我们班的同学都十分懊恼地回来了。我想：我们班的成绩肯定不是很好。

然后，过了很长一段时间，快到我们班拔河比赛了，但是却有人没出现，老师叫我去楼上叫一下，当时我很急地跑上了楼，到教室后，我看到有两个人，我便问他们是不是参加拔河比赛的人，他们都说不是，我便下去了。结果下楼后，一名同学告诉我楼上的一个人是参加拔河的人员，我便不知该怎么办。后来，老师换了一个新人参加比赛，我看着大家为参赛选手加油，可最后我们班还是输了。然后，我便和同学一起上楼了。后来，老师上楼把我们叫下去，让我们去给参赛选手助威。终于，我们班赢了一局。我看着别的班的同学给我们班加油，但我在这之前却不在场上为其加油，我感到十分惭愧。

　　回到教室，老师对我们说这是最后一次比赛时，我的心里很难过，早知道我一定也参赛，但世上没有后悔药可吃，我只能让我以后不做让我后悔的事。这件事情也让我明白了"团结就是力量"的道理。

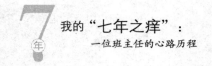

我和他的"君子之约"

他叫壮子，但人不如其名，一点都不壮，十分瘦小。除了身材，你还可以通过一件事一眼认出他，那就是放学铃声一响，背着书包第一个冲出教室的便是他。初中两年多来，在他父母的见证下，我和他有过很多约定，因我的名字里有"君"，而他的名字里有"子"，故被我雅称为"君子之约"。

初一：写好"字"

初一一开始，我便发现他的回家作业书写得非常邋遢，英语字母是"上蹿下跳"的。所以在家访时，我把作业书写作为重点和他父母进行了沟通，希望他们重点监督好孩子回家作业的书写，他的父母很爽快地答应了。我还把一些班级的优秀作业照片发给他的父母做参考。

接下来，我发现壮子的书写确实进步不少。他还主动参加了班级的英文书法大赛，赢得了优胜奖。我看他拿到奖后很开心，继续鼓励他说："愿不愿意和老师约定好，每次作业都要认真书写，让这个奖实至名归。"他几乎不假思索地答应了我。整个初一，他的作业虽然质量并不高，但是书写一直不错。家校合力，初见成效。

初二：说好"话"

初二是一个坎儿。有次课间我走过班级，我听到他正在教室里很大声地说着脏话，我立即把他叫出来，告诉他要说好"话"，也就是要使用文明用语，说中学生该说的话。他似乎听进去了，直点头。可是，事情并没有结束。大概过了一个多月，晚上6点多，我接到俊子妈妈的电话："老师，刚才壮子在公交站台被欺负了，隔壁班的一个孩子家长正在车站训斥他，还动手了。我不放心，和您说一声。"我马上拨通了壮子妈妈的电话。原来，壮子无意中说了隔壁班一孩子的坏话，并放言"要给他教训"。那孩子怕了，回家告诉爸妈，才有了车站那一幕。电话那头，我听见了壮子的哭声。

第二天，他跑来告诉我："老师，我应该听您的，我和您约定好，以后我们一起说好'话'，行吗？"

"行，但是你也要和我做一个约定，要提高回家作业的质量，争取多做对一些题目，多尽一点力。"趁着这个契机，我开始讲条件，他答应了。

与此同时，我和他父母联系，希望他们晚上多在家陪伴孩子，给孩子一个良好的学习环境，这有助于孩子作业质量的提高。他的父母虽然很忙碌，但是也很努力地去落实着。

从此以后，他谨言慎行了不少，英语作业质量也跟着提高了很多，期末考试时，他的英语成绩进步了20多分。初二这个坎儿，他算是跨过去了。

初三：做好"事"

初三一开学，我就觉得他不对劲，可具体也不知道哪里出了问题。他的回家作业质量变得非常糟糕，一开始很多题目空着。我让他一定要写满，他就干脆乱写一通；我让他重新再写，后来他的作业就变成都是标准答案了。似乎初一、初二的那些努力都化为灰烬，一切又回到了原点。于是，我主动联系了壮子的父母，这一切的改变竟然是因为他在学街舞。

"暑假里非要学街舞，开学了还在继续学，说了也不听。"这是他母亲的原话。

我找来壮子，"为什么初三了要开始学习街舞？"我开门见山。

"因为我没有特长，想在初中最后一年弥补一下。"他对答如流。

"你学习街舞，老师并不反对，可是现在学习街舞已经严重影响你的学习，你的作业非常糟糕，成绩也是一落千丈。还记得你和老师的约定吗？我觉得你可以在寒假或暑假再学习街舞，现在先把主要精力放在学习上，把学习学

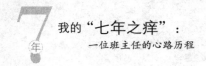

好了，这才是你以后的一技之长啊。"

"可是，老师，现在的英语课我已经听不懂了，所以作业都不会，只能抄。"他无奈地说。

"没有人天生就会，现在开始认真听好，一切都不晚。学习就是要认真做好每天的每一件平凡的小事。这就叫做好'事'。老师相信你能把每天的小事做好。"我这样回答他。

在他父母的压力下，他暂时告别了街舞的学习。我和他约定好，每天他的作业必须用父亲手机通过QQ发送给我，绝不能抄袭，我会仔细检查。直到今天为止，每天晚上，我会准时收到他的作业，但愿这样能够对他有所帮助。他的父母也会经常和我联系，及时反馈孩子在家的表现。

两年多的时间，我和他有过很多"君子之约"，通过这些约定，我告诉他要写好"字"、说好"话"、做好"事"，希望这些能够助他茁壮成长，让他成为自己想要成为的那个人。

一次家访让我重新认识他

每个孩子的成长之路，就如同破茧成蝶，他们奋力、挣扎，经过漫长的时光，直到"翅膀"和"身体"足够强壮了，破茧而出，化作独属于自己的姿态翩翩起舞。

班里有一个孩子，做事认真，责任心强：轮到他值日，总是做得近乎完美；不是他值日，他也会主动用拖把拖去教室地面的脏东西。说起他的学习成绩：物理名列前茅；数学、化学也不赖；语文、道法、历史过得去，可唯独英语，让人唏嘘。

是他不努力吗？

他总是第一个来找老师订正默写，尽管他订正无数次才能过关。只是，他坚持不懈的付出，总没法与考试分数发生联系。

是父母对他没有要求吗？

尽管他的家庭条件并不宽裕，可初一时，他母亲就给他请了辅导老师，专门辅导他的英语。然而，同样不见效果。

那究竟是什么原因？

我百思不得其解，终于决定去他家一探究竟，希望能够找到一些"蛛丝马迹"。为了看到最真实的一面，我计划了一次"突袭"。

见我来家访，他有些惊讶，但是看到我在换鞋，马上微笑着说："老师，您不用换鞋。"

"我鞋子上有泥，会弄脏地面。"我执意如此。

"脏了我拖一下就好了。老师，您知道的，打扫卫生可是我的强项。"他

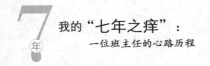

略带得意地说，颇有点"一家之主"的感觉。

最终，他拗不过我，给我拿了一双鞋子过来。我边换鞋边问："你爸妈呢？"

"爸爸出去给人装修了，妈妈刚去镇上买菜。"他不假思索地说。

正说着，他妹妹穿着睡衣从房间里走出来，看着应该还没上幼儿园，见了我，很有礼貌地说："阿姨好！"

"带我参观下你的房间吧！"我很期待地说。

房子应该装修不久，很雅致，每一样东西都是出自他父亲之手。他睡的是主卧，有独立的卫生间，可见父母有多在意他。房间里的书桌上散落着书和试卷。我走近一看，是本周的作业和一堆英语练习册。

"作业都完成了吗？"我习惯性地询问。

"基本做完了，英语我是第一个写的，我还买了一些英语练习册，希望能把英语成绩提上去。老师，每周日的这个时间，我要带妹妹去找她的伙伴玩儿。"说着，他已经拿来妹妹的衣服，很细心地打开取暖器，给妹妹换上出门的衣服。他的动作很娴熟，应该是经常这么做。最后，他还给妹妹梳头发。他竟几下就给妹妹扎出了一个很精致的马尾辫。从我进门到现在，他的一举一动都流露着对妹妹的爱，绝不是故意做给我看的。随后，我和他们一起下了楼。

一路上，我告诉他很多学习英语的方法，如及时巩固单词、多朗读背诵等。我还鼓励他，坚持下去，不能放弃，相信进步就在不远处。

虽然这次家访我没能和他父母见上一面，但是这次家访让我重新认识了他，让我体会到他的父母对他的爱意，还让我感受到了他们浓浓的兄妹情谊。一个如此重情义、责任感强的孩子，我还需要要求他什么呢？相信通过不懈努力，他的英语成绩会有所突破，他有能力自己成长，破茧而出。

其实，每个孩子都有自己充满优势的地方，都有灼热的闪光点，我们无权也不应该强求每个孩子全面发展，科科优异。我们所需要做的就是竭尽所能，帮助孩子尽量弥补弱项，提升水准。

相信这只蝴蝶终会蜕变。

一个杯子的温暖

今年的教师节在周日，所以，周五那天社会各界就开始提前庆祝起了教师节。大到市里的教师节表彰大会，小到微信朋友圈，都充满了浓浓的节日氛围。但在学校里，一天下来，并没有想象中的祝福语，虽然知道孩子们初三了都很忙，但内心还是有一些小失望。

可是，放学时，婷婷走到还在办公室批作文的我的身边，说："俞老师，教师节快乐！"随后给了我一个盒子。我接过盒子，打量了一下，欣喜地说："我猜是个杯子吧，'一杯子，一辈子'，有心了，我收下啦，谢谢你！"

她走后，我打开一看，是一个陶瓷的杯子。看得出来，她很用心地挑选过，因为上面居然有一条鱼，孩子们私下里喜欢管我叫小鱼老师。

想到这个孩子的初一，我不禁很欣慰。初一时，她是我的重点关注对象，主要问题是作业经常草草了事。有一次，她英语回家作业胡乱做了一通，我当着全班同学的面把她的英语作业本扔到了地上，还对她一顿训斥。当时我想：她一定会觉得无地自容，然后流下后悔的泪水。然而，她居然是一脸从容的表情，就像刚才那一幕从未发生过。

这一幕我至今难忘，我是第一次见到女生这个样子。当时，我内心给她的标签是"脸皮不是一般的厚"。于是，我开始不喜欢她，甚至会提醒任课老师注意：她可是一个"不好弄的角色"。这样的状态持续了很久，直到有一次，我组织全班同学开展"说说心里话"活动，最后鼓励大家可以把心里话和我一起分享。没想到，她第一个写完交给了我，信中她写的都是对我的好印象，一字一句那样真切，她说是我改变了她很多，我的严厉让她长大了很多。我这才

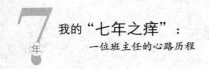

意识到，原来孩子是最不记仇的。她并不记恨我那次扔她的作业本，也没有讨厌我对她的冷淡。

我开始试着去留意她的好。一次书画大赛，她的作品获得了一等奖，我在班级表扬了她。没想到，接下来的惊喜接踵而至——市书法硬笔和软笔均获奖，作文比赛获奖，画画比赛获奖，市中小学生运动会女子110米跨栏获得第四名，成为那年唯一一个为学校得分的运动员。我听说为了比赛，她暑假里每天5点多去学校训练，整整两个月，风雨无阻。而且，这些活动并没有分散她的精力，反而给了她学习上的动力，她的作业质量进步巨大，成绩也有了一定提高。所有这些都是我没有预想到的。

我在为她的进步喜悦的同时，也开始反思自己的行为。作为一位教师，不应该因为学生的一件事而去否定她这个人，其明智的做法是"对事不对人"。学生是在不断变化的，所以教师也要用变化的眼光看问题。正如教育家陶行知先生所言："教员的天职是变化，自化化人，虽然不容易学孙悟空的七十二变，但是至少要看重变化。"对于一位教师来说，要用发展、长远、变化的眼光去分析问题、解决问题，而不是一味地禁锢自己的观念和想法，这样只会让自己变得愚不可及。

感谢婷婷的这个杯子，让我体会到一份独特的温暖，这种温暖如同冬日里的柔暖阳光，弥足珍贵。都说"一杯子，一辈子"，愿我和她的师生情谊长长久久，不因石而阻，不因远而疏，也愿她在明年的6月能如夏花一般绽放。

一张贺卡的警示

很多年前的教师节，我收到一张自制贺卡，乍一看并没有特别之处，翻开，里面工工整整地写着："教师节快乐！"当我看到署名的时候，我诧异了，脑海中顿生一个大大的问号：怎么可能是他？

他是晓东，我的第一届学生，一个不被我"待见"的学生。

晓东是班里最壮的，也许是他自认为这是个先天优势，他总是欺负班里比他矮小的男生。初一时，就处理过好几起他的打架事件。学习上，他懒惰，字总是写得歪歪斜斜，选择题经常不看题就胡乱写。每回批到英语完形填空：总计10个题，他却写了11个答案时，我都把他叫到办公室，气急败坏地把作业本往他身上一扔，把他训斥一番，我才肯罢休。

他总是低着头，不说话，每次训完，都能好几天，但只要周末一过，他便"昨日重现"。所以，那时的我对他有了不良的条件反射，看到他就想着：哎，是不是又要给我添麻烦了。

果然，"麻烦"真的来了。印证了"墨菲定律"，如果你担心某种情况发生，那么它就更有可能发生。

那时候，学校规定：每个班的拖把都要放在各自教室的后门处。教师节的前一天，德育主任把我叫过去批评，原因是：我们班级有几名同学总是被她看到在走廊里踩着拖把玩，这样既不安全，又影响拖把的使用寿命。第一次被批评，我难受得很，心想：一定要找出是哪几个孩子干的！

我几乎是一下课就冲到教室，严肃地质问全班学生："是谁在玩拖把？"孩子们先是一脸惊讶，然后都低下了头。我下意识地看向晓东，厉声说："是

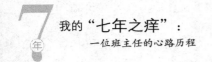

你吧，晓东！"他抬起头来，眼睛直直地盯着我，不说话。

我当他是默认了，把他叫到办公室，不等他说话，就开始断案："快告诉老师，除了你还有谁？"

"老师，这次真不是我。"他一脸委屈。

"不是你那是谁？"我追问道。

他把具体情况告诉了我。

"好，我会调查清楚的。"说完，我让他回教室。我又找来班长，班长验证了晓东所说属实。

我公布了调查结果，批评了玩拖把的同学，也还了晓东的清白，但我却不敢看他。这件事本该找班委们问清即可"破案"，可我却把怒火撒在晓东身上。

第二天的教师节，就发生了开头的一幕。

我马上找来晓东，我必须为自己的行为道歉。

"晓东，昨天是老师做得不对，不该不分青红皂白批评你。另外，你的贺卡我很喜欢。"我表示歉意和感谢。

"老师，其实我明白的。一开始，我觉得您是针对我，总是批评我。后来我发现，您是在管我。我这人毛病确实不少，而且经常控制不住自己，必须得有一个像您这样的人管我。我知道，您是'刀子嘴豆腐心'，我早看出来了。"他竟一下子说了这么多。

晓东把我对他的批评当作对他的好，一个个都记下了，尽管他绝大多数时候还是不能做好分内的事，但是显然他在努力着，或者说他并没有愈演愈烈。而我记着的是他的"坏"。不知从什么时候开始，我屏蔽了晓东的朋友圈，失去了发现他的"美"的眼睛。我口口声声地希望他改这改那，难道我真的是在帮他吗？也许我只是"泄愤"罢了。想到这里，我越发惭愧，我不该忘了教育的初心。

后来，我学会了不用"愤怒"说话，把愤怒转化为力量，看到学生做错了，除了批评，更重要的是积极主动地帮助他们，告诉他们应该怎么做，并时刻用正能量引导他们。

这便是那张贺卡带给我的启示。

一张请假条

那年中考结束，我收到了静静代表全班给我的请假条：

请假条

由于2018届初三学生即将毕业，（4）班全体成员想请假未知天数。只是请假，不是别离，还望老师批准。

（4）班是俞老师的班，有俞老师的班才是（4）班。

批准人：

请假人：（4）班全体同学

收到请假条的那一刻，我很意外，也很惊喜。与他们在一起三年的点点滴滴不断在脑海中回放。其实，与其说是我成就了他们，不如说是他们成就了我。

2015年秋，我们相识。我们一起把班名定为"扬帆起航"班。之所以起这个名字，是因为班里有好几个孩子的名字里分别有这些字。毅扬、云帆、小"祁"、一航，他们又正好是各科课代表，用他们的名字来代表班级得到了大家的全票通过。班级便这样起航了。

一开始，我便记录下他们在校成长的点滴，尽量包括方方面面。学习方面，如默写、背书等情况；其他方面，如参加学校文艺表演、慈善一日捐、参加运动会、参加大扫除以及邀请家长参加家长会等情况。每参加一次得一个五角星，获奖的学生可以再得一个五角星。有点类似于班级量化考核，最后学期

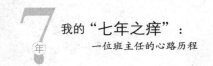

结束的时候张贴在班级公告栏里，并给予其不同层次的物质和精神奖励。这个方法在班级很受欢迎，并让班级的学习氛围越发浓厚。

2016年秋，我参加了于洁班主任工作室的选拔。经过几轮筛选，我顺利进入于洁工作室，一段美妙的旅程由此开始。我也开始更多地关注我的（4）班，认真撰写案例。班级的孩子们一个个跃升为案例中的主角：微微、静静、小俊、茜茜、婷婷、雯姑娘……能够帮助他们解决学习和生活中的问题，我倍感自豪。

然而到了2017年春，班级问题却开始层出不穷，让我一度跌入谷底，身心俱疲。于是，我开始积极参加于洁沙龙活动，和来自各地的老师一起探讨班级问题，从而学习到很多班主任的宝贵经验。虽然很多时候，学到的方法不能立竿见影，但是努力去尝试，便是成功的第一步。教育学生本就是一个漫长的过程，并没有什么特效药，要的就是教师的持之以恒。也许就是我的坚持，让班级安稳度过了最躁动的初二下学期。

进入初三，孩子们的学习压力剧增，我便走起了"美食"奖励路线。2017年的双十一，作为购物达人的我自然不能错过。这一天，我给班级的孩子们买来了他们最喜欢吃的面包作为期中考试答谢会的奖励。答谢会上，我呼吁大家一起迎接更多更大的挑战，扬帆起航班向终点全力以赴！

2017年圣诞节，我又当起了圣诞老人，根据不同孩子的表现情况发放蛋糕、蛋挞、蛋黄酥，人人有份！

三年的相处，我收获了许多的"小确幸"，也充满了不尽的遗憾。我生气过、发怒过、抱怨过，但毕业时，他们却只记得我的好，这张特殊的请假条就是明证！这张请假条虽是意料之外，却也在情理之中。看来，他们是真的扬帆起航了。

时光不会停下脚步，就如同这群孩子，他们虽已扬帆起航，与我渐行渐远，却又永远铭刻在我的时间轴上。

竹简传情，六月花开

人的一生有很多个三年，但对于初中生来说，初中三年是举足轻重的。这三年，你付出过汗水，也流出过血汗；你经历过喜悦，也经历过忧伤；你寄托了希望，也留下了回忆。当寒梅凌霜铸就铁骨铮铮，当菜花金黄铺满灿烂青春，当桃红如火燃烧激情岁月……6月的脚步便近了，这也意味着：我即将送走我的第三届学生。此时此刻，和他们在一起的点点滴滴都历历在目。

花开不败

中考是一场硬仗，可是，他们似乎还没有做好准备。早读课之前，教室里依然是一派菜市场景象；课代表好不容易收完作业，你会发现上面一定贴着一张便利贴，赫然写着"某某某没交"；打开作业，一个个字迹潦草、错误百出，错误低级到没有底线。那一刻，真有一种撕作业的冲动。但是，我必须忍住，继续批改。我依然会挑出优秀作业，放在班级中展示，我告诉自己哪怕只有一名同学用心了，就是值得的。

在这种难以名状的纠结中，迎来了中考60天的倒计时。这天，按照惯例，学校举办了誓师大会。会上，校长做了慷慨激昂的发言，全校师生受到了巨大的鼓舞。当师生们一起念着誓词的那一刻，空气似乎都是凝固的，一切都静止在感动中。

回到教室，我拿出事先准备好的49个红包，宣布道："今天我给大家每个人都准备了红包，大家猜猜红包里面是什么？"

"钱！"他们异口同声，拖着长长的调子。

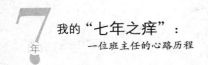
"错！大家都听说过六月花开吧，谁来解释下是什么意思？"我提问道。

"6月是中考，花开意味着我们能有所收获，考上理想的学校。"语文课代表不假思索地说了起来。

"对，没错，回答得很好，那我们就让花真的开一次好吗？"说着，我让他们排好队一个个上讲台领红包。我注意到，每个接过红包的孩子都是一脸兴奋和期待。

"大家打开来看看是什么？"

"花的种子！"他们很惊喜，"老师，我们大家的种子都不一样？"有的孩子马上察觉到了。

"对，每名同学的花种都不一样，不同的花，其大小和花期都不同，就如同我们人一样，但是，只要用心浇灌，一定可以收获美好。大家再观察一下这个红包，有什么不同？"

"上面都是花的图案，男生是红色的，女生是粉色的。"

"这是我为同学们私人定制的红包，这些盛开的花朵就是我憧憬的大家六月花开的样子。"

"老师，可是两个月能开花吗？"有个头脑灵活、胆子大的孩子质疑道。

"问得好！卖种子的老板说，这些花种都是快速种，两个月就可以开花。说实话，我也不知道它们能不能开花，你们愿意一试吗？"

他们都点点头。

"同学们，最后的60天，我们要努力拼搏，用心浇灌，期待6月的另一场花开。好吗？"

"好！"第一次听到他们这么自信的回答。

教育有时就需要我们转变心态。面对他们糟糕的作业，如果我只是对其一顿训斥，甚至当众撕毁作业以泄心头之愤，那么，我的学生能从我身上学到什么呢？德国哲学家雅斯贝尔斯说："教育就是一棵树摇动另一棵树，一朵云推动另一朵云，一个灵魂唤醒另一个灵魂。"

能够唤醒另一个灵魂的人，一定是努力、机智、乐观的！所以，当我们怒火中烧时，不妨静下心来，换条思路，换个方法，换种心态，也许就是另一个世界了。

竹简传情

我把发花种红包的事发在了个人微信公众号后，我第一届的孩子留言说："老师，比我们当年的竹简高级多了。"顿时让我想起四年前，那是我的第一届学生，那是我工作的前三年。千言万语道不出我对他们的留恋；千难万险挡不住我对他们的关注；千山万水走不出三年深深浅浅的脚印。

那时的他们，会在我讲错的时候假装没听懂，给我足够的包容。与他们相处的日子里，我逐渐站稳了讲台。那时的他们，会在我生病时，送来药片和鸡蛋，嘱咐我注意身体。是他们让我体会被一群人关心的感觉。那时的他们会在我生气时，努力做好每一件事来逗我开心，拿着奖状跑到我跟前说："小俞老师，开心点！"

那时的我会在圣诞节时，偷偷在他们交来的练习册里塞上一张张贺卡，写上几句励志的话，督促他们奋进；那时的我会在誓师时，帮助他们制订更为详细的学习目标和计划；那时的我会在最后一个月时，在教室后面贴上大标语：不比智力比努力，不比起步比进步。努力让每一个人都不掉队。

离别之时，我定制了竹简，每人一个，上面刻着他们的名字和我送给他们的离别赠言："可以分开，但不可以流泪；可以飞翔，但不可以忘记。"我还记得，当我报着名字亲手交给他们时，他们一个个眼眶都湿润了。三年师生情，永远记心中！

教育需要我们用爱、用心、用情。苏霍姆林斯基说："热爱孩子是教师生活中最主要的东西。"愿我能永葆这份热爱，陪伴每一届的孩子走好每一步。

作为一位初中班主任，我很荣幸能够和一群带着梦想的孩子聚集在一起，为了同一个梦想，迈开脚步，张开双臂，全凭自己的力量，攀上通往理想的阶梯。见证他们的毕业，于我而言，这是一个终点，更是一个起点。在充满阳光的明天，我会带着这些回忆与憧憬向前冲。

班级管理之道

5

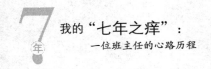
班级评优，我的"一二三四"歌

班级评优对于一个班级来说至关重要，它在很大程度上决定着一个班级是否充满正能量、是否能够良性循环。班级评优时，教师要充分考虑到每一名学生的利益，正所谓"不抛弃，不放弃""一个都不能少"。班级评优制度作为衡量班级成员的标尺，要做到公平、开放、全纳，有利于学生的个体发展。那么如何评优？我有"一二三四"歌。

三百六十行，行行出状元

班级评优，要做到多角度、全方位，尽力调动每一名同学的积极性。学期初，让每一名同学都能有相应的奋斗目标，这些目标渗透在学生学习生活的方方面面，多管齐下，整体推进。

传统的评优项目有"优秀班干""三好学生"，让大部分同学望而却步，不敢奢求。不妨在班级管理方面增设"优秀值日生""优秀小组长""优秀课代表"等；在学习考评方面增设"优秀默写者""优秀背书者""优秀回家作业者"等。如此，即使不擅长组织管理或是成绩不理想的孩子也有争先争优的机会。久而久之，有了愿景，自然就有了努力的方向和动力。同时也可以避免评优集中在少部分所谓的"好学生"身上，打击其他同学的积极性，让评优流于形式。

三百六十五，天天有动力

班级评优，要把握每一天，努力发挥牵引作用。学生情感态度的培养和各方面能力的提升，都有一个积累、渐进、质变的过程。在确立班级评优的大方向之后，教师要关注好学生的每一天，时时刻刻提醒他们朝着目标迈进——夸奖优点，指出退步，鼓励进步。

每天提醒一名同学。比如：看到组长收作业慢时，提醒组长注意方式和方法，向作业收得又快又好的组学习；看到有学生作业书写潦草时，提醒其书写姿势要端正，争取把作业做得更优秀。

每天表扬一名同学。比如：看到班级黑板擦得锃亮时，表扬相应的值日生，激励其他值日生，以形成一种良性竞争氛围；当批改作业批到默写全对时，要对相关学生加以表扬。

六六三十六，"计"多不压身

班级评优，要多方了解，努力多维度地了解每一名学生。在此基础上，教师再与学生打成一片，但毕竟不是学生中的一分子，很难对每个人、每件事都做到了如指掌。这就需要在平时的过程性评价中巧施妙计，各显神通。

第一计：任课教师间的"进步成长册"，记录孩子们的点滴进步。

第二计：学生间的"表扬接力本"，写上自己心目中要表扬的同学。

第三计：家校间的"夸夸咱家娃"，让父母评价一下自己的孩子。

……

评优并非简单的一人一票，上述种种计策都可以作为期末评优的重要依据，教师可以综合各方面的评价信息，收获更合理的评优方法。

九九八十一，"取经"各有得

班级评优，要多总结反思，竭力让每一名同学有所得。评优成功的同学自不必说，没有获奖的却未必是两手空空。要让每一名同学都认识到：不是所有的付出都一定会得到直接的回报。这也是班级评优工作中极为重要却又很容易

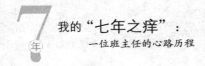

被忽略的一点。

　　正所谓“天外有天，人外有人”，想取得荣誉，努力与付出是必需的，然而付出总有多少之分，贡献总有大小之论。提出这一点，绝非让学生斤斤计较毫厘得失，更不是在班级中宣扬“偶像崇拜”，而是每一名同学都需要正视自己与他人的差距，不能让这些成为前进的障碍和放弃的借口。

　　毕竟，在学习竞争的压力之下，只要跑赢自己的同伴就好，但在成长之路上，我们只要跑赢昨天的自己就是胜利。

　　总之，正确的评优方式是一种激励、一种导向，而不是一种判断。期末评优，重在参与，重在成长，而不是为了捧着奖状摆拍。我会坚持昆山教育的口号：优质、均衡、公平、开放、全纳，努力做好学生的伯乐，发掘他们的闪光点。

打扫奏鸣曲

——班级卫生管理班本教材

学生在校学习，健康和安全永远是第一位的，在干净整洁的环境里学习，其效果会增强；反之，则会降低。因此，打造舒适宜人的教室环境是师生的共同目标。要达到这一目标，就需要师生共同协作，一起唱响这首"打扫奏鸣曲"。

劳动健康歌

竞岗位司其职，学学想想做做悟悟，

选好工具，刮又擦，效率高！

保持整洁全靠大家，建文化氛围，

勤勉奖励勿偷懒，内外都兼修！

为了改善班级卫生情况，我们分别从岗位设置、卫生管理、工具使用、保洁维护、文化氛围、制度监督和品质培养七个方面入手，开发出了一套卫生管理班本课程，手把手地教你解决班级卫生难题。

第一课　绸缪桑土篇

【课程简介】

分工明确是提高工作效率的前提，通过系列班会课，让学生在富有仪式感

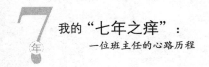
的选岗、竞岗、聘岗的过程中，激荡内心的责任感、使命感，提高对所任岗位的认识，全身心地投入班级卫生管理的过程中去。

【活动背景】

班级是学生在校学习的主要场所，因而，班级学生应该成为班级卫生的主要清洁者、维护者和管理者。然而在班级卫生管理上，经常出现值日组长或劳动委员唱"独角戏"的尴尬局面，令不少班主任头疼不已。通过引导学生由被动管理变为主动管理，可减轻班主任及主要班干部的负担，这很有必要。

【活动目的】

通过各司其职等手段，调动学生的积极性和能动性，让他们学会自我教育、自我管理，共同治理好班级的卫生情况。

【活动准备】

班级卫生岗位设置一览表、岗位征求意向表、岗位聘用表。

【活动过程】

第一篇章　张榜告示　招兵买马

1. 班主任开学初在班级中张贴"班级卫生岗位设置征求意见表"，利用晨会课宣讲后，向学生广泛征求意见，拟定本班"班级卫生岗位设置一览表"。

2. 在竞选开始前一周，在班级中张贴"班级卫生岗位设置一览表"，在班会课、晨会课上进行宣传发动，鼓励学生对照岗位需求，结合参选条件积极申报。

班级卫生岗位设置明细：

（1）图书角管理员，2人，负责图书角物品摆放有序，储物柜物品摆放整洁。

（2）小组卫生员，4人，午餐后、放学后负责督促组员做好小组卫生，排好桌子。

（3）讲台管理员，2人，大小讲台、粉笔盒保持整洁。

（4）卫生角管理员，2人，负责做好教室前后两个卫生角的整洁。

（5）前后门管理员，1人，前后门窗保持清洁，无污渍。

（6）花草管理员，1人，每周三中午给班级的花草浇水。

（7）洗手液管理员，1人，负责添补洗手液，保持洗手台的整洁。

（8）雨披、雨靴管理员，1人，负责在雨天保持雨披桶及雨靴的摆放整齐、有序。

（9）小柜子管理员，2人，负责保持小柜子周边及柜子内部的整洁。

（10）早、午值日督察员，5人，早读后、午餐后负责督查到岗情况和值日完成情况。

3. 学生从班主任处领取并填写如下表所示的"岗位征求意向表"，提前准备竞选稿。

岗位征求意向表

学号：		姓名：		性别：	
曾任岗位：					
岗位意向1：					
岗位意向2：					

第二篇章 各显神通 竞争上岗

1. 班主任宣读倡议书。

2. 宣布竞选岗位人员设置及各岗位的具体要求。

3. 按照递交"岗位征求意向表"的顺序，组织有意向的学生发表简短的竞选演说。

4. 全班同学进行不记名投票，收集选票。

5. 公开唱票，并根据评选结果宣布班级卫生岗位试用名单。

第三篇章 岗前培训 学以致用

1. 组织试用名单中的学生进行岗前培训及试用考核（为期两周），明确职责范围及具体要求。

2. 发放相关检查、记录表格，并于每周三、周五汇总至班主任处。

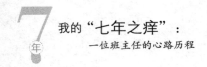

3. 根据学生表现，结合本人意愿，对聘用岗位进行微调，确定本班卫生岗位正式聘用名单。在培训试用阶段无法胜任本岗位的，不纳入正式名单。

第四篇章　签订合约　相携共进

1. 发放聘书。

2. 授予正式的检查、记录表格。

【后班会活动】

1. 考核履新情况。重点考察该生能否胜任本岗位工作，并及时对其提供帮助。

2. 考核同学口碑。重点考察该生在同学中的舆论是否正面积极，能否认真负责地服务同学。

第二课　善治善能篇

【课程简介】

教室是学生学习生活的地方，只有在一个窗明几净、整洁干净的环境中，学生学习才能有更高的效率，心情才能更舒畅。因此，班级卫生管理便成了班主任班级管理工作中很重要的一个部分，本课意在探索更有效的班级卫生管理方式。

【课程背景】

每学期一开学，班主任就会以最快的速度排好值日生表，为的是开学后班级里能够干净整洁。然而事与愿违，班级并不是想象中的那么干净整洁。当教室有垃圾的时候，学生们没有发挥主人翁的意识，很多同学都对此视而不见。还有些学生总喜欢制造很多垃圾，不仅自己课桌内杂乱不堪，有时垃圾还掉出来弄脏了教室的其他地方。之所以会出现这些现象，其原因归根结底还是学生缺乏对个人卫生的管理能力，从而更加不会管理班级卫生。

【活动目的】

1. 制订具体的管理班级学生个人卫生及班级卫生的计划、措施。

2. 通过活动，学会管理个人卫生的同时维护好班级的卫生，让班级卫生面貌焕然一新。

【活动准备】

教师准备：

1. 收集有关班级中干净美好的环境以及肮脏邋遢的环境视频。

2. 制作PPT。

学生准备：

每人写下一个自己有效地管理个人卫生或班级卫生的好方法。

【活动过程】

第一篇章　学思结合

1. 导入

主持人播放一个在课桌零乱、废纸遍地、尘土飞扬的环境下，同学们正在教室追逐打闹的视频，而后播放课桌整齐、窗明几净、教室中的图书角摆放整齐、地面洁净无物、同学们正安静上自习的画面，让学生对两幅画面作出比较。

2. 说一说

你喜欢在哪种环境下学习？并谈谈自己的感受。

3. 思考

这些垃圾从哪儿来的？为什么不多走几步把垃圾扔进垃圾桶里呢？如果是你，会怎么做？

第二篇章　思行并举

1. 学生自我检查

学生根据以下内容进行自我检查，只需思考，不需动笔：

a. 认真完成值日工作。

b. 不带零食进教室，不随地丢果皮、纸屑，不随地吐痰。

c. 看见垃圾能主动弯腰捡起。

d. 爱护教室的任何学习用品。

e. 愿做教室的清洁小卫士，保护好环境。

2. 分小组讨论

我们该如何管理个人及班级的卫生，使班级、校园更美丽？

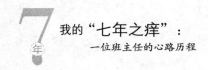
3. 制作海报

根据课前学生准备的管理卫生的方法开展小组讨论，将小组成员公认的具有可操作性的方法罗列出来并制作成海报。

4. 小组汇报

各小组将自己的管理方法进行班级展示，班级每名学生进行投票选举，最后将通过班级半数以上同学认可的方法重新整理成班规，最后张贴在班级墙面上，以供全体同学参考执行。

第三篇章　动行静悟

1. 践行新班规

班规的实施需要同学们严格遵守，因此学生是否遵守应与奖惩挂钩。同时针对各项班规，应分配责任到人的管理员。而且，管理员在上岗前需述职竞选，接受同学们的监督。

2. 去粗取精，不断完善

在践行班规期间，以半月为期，到期开会讨论班规的合理性和管理员是否称职，根据班级实际情况对班规进行完善，对管理员进行调整，且做到"有功必奖，有过必罚"。

3. 收集资料，用正能量引导学生

在班规实施的过程中，可能会出现不能持久作战的情况，那么需要班主任或班委干部收集一些有关的名人名事或典故方法，给同学们带来正能量，以促进学生良好习惯的持续养成，并在实践中总结经验。

第三课　利器善事篇

【课程简介】

常言道："工欲善其事，必先利其器。"在班级卫生工作中，恰当地使用一些适宜的卫生工具，可以帮助同学们提高打扫效率，节省时间，营造一个更加整洁、舒适的教室环境。本节就和大家一起聊聊"班级卫生工具那些事儿"。

【活动背景】

随着人们生活水平的提高，一些新型卫生工具应运而生，给我们的生活带来了便捷。然而现实生活中，很多教室里的卫生工具却显得比较传统、单一，并且部分学生不能正确、高效地使用班级里的卫生工具，导致班级卫生工作费时费力，且效果不尽如人意。因此，让学生认识并学会使用一些实用的卫生工具，使之成为一种生活技能，显得十分必要。

【活动目的】

1. 学生学会使用一些常见、实用的卫生工具，了解一些卫生清扫知识，并将其运用到班级值日中，提升班级卫生水平，营造整洁、舒适的教室环境。

2. 丰富学生的生活技能，培养学生的生活自理能力。

【活动准备】

1. 通过走访其他班级、咨询家长、网上搜索等方式，征集一些关于卫生工具的创意。

2. 根据本班实际情况确定所需的工具，用班费进行采购。

3. 指定几名同学作为工具介绍人，准备在课堂上发言。

【活动过程】

（一）问题导入

1. 主持人介绍班级卫生工具的使用现状，指出存在的问题。

例如：用高粱秆做的扫帚容易掉落一些颗粒，其扫帚柄容易坏掉；用铁皮做的簸箕，入口处不贴合地面；用布条做的拖把容易留水渍；等等。

2. 提出"利器善事"的观点，号召大家平时积极献计献策。

（二）创意展示

1. 学生展示卫生工具实物，并通过演示介绍工具的使用方法和注意事项。

2. 每次展示后，安排展示学生和观众学生的互动答疑。

（三）实战演练

1. 根据工具的种类分成不同的小组，学生需亲身实践。

2. 同学间相互交流使用体会，并针对工具的使用情况提出合理化建议。

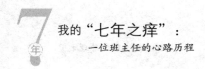
（四）总结讲话

主持人勉励大家在生活中积极思考、善于借鉴，在实践中学会掌握生活技能，锻炼自己的生活自理能力。

【后班会活动】

学生将好的卫生工具介绍给家长，为家庭卫生做一份贡献。

附：

1. 教室常用卫生工具清单

教室常用卫生工具清单一览表

名称	说明
扫帚	选用塑料做的刷毛（易吸尘土且不易脱落），其柄的长短要结合学生的身高情况做出合适的选择
簸箕	选用筒口贴合地面、不易变形且有防风设计功能的
拖把	选用免手洗拖把，不仅可减少手接触病菌，而且会省时省力
水桶	选用口径大的，可以做拖把收纳用
垃圾桶（含垃圾袋）	准备多个垃圾桶进行垃圾分类，有味道的垃圾要放到带盖子的垃圾桶中
清洁毛巾	选用超细纤维抹布，易拧干、晾干，不易留水渍
玻璃刮水器	建议选用带伸缩杆的，不建议低年级学生擦高处的玻璃
黑板擦	水笔用布面黑板擦，粉笔用猪毛做的黑板擦
刷子	用塑料刷、钢丝刷等清洁不同的污垢
橡胶手套	配合刷子，每天刷一次垃圾桶
棉线或绳子	排桌子用，两点一条直线，对照线排齐桌子
挂钩或吸钩	用于悬挂晾晒抹布、扫帚等
收纳盒	根据情况选择不同尺寸的收纳盒，用于收纳讲台的物品
洒水桶或喷壶	扫地前除尘或为班级绿植浇水
清洗剂	选用洗洁精、84消毒液等，不建议低年级学生使用

2. 创意卫生工具

（1）扫帚簸箕类

① 选用头可以旋转的扫帚。桌子或者椅子间距离比较小时，可以将扫帚头旋转到合适位置，深入缝隙清扫垃圾，避免扫帚柄与桌椅"打架"。

② 带刮齿的簸箕。据统计，正常情况下人每天会掉50～100根头发。对于几十人的班级来说，头发量是很可观的。使用带刮齿的簸箕，可以在清扫后轻松除掉粘在扫帚上的头发等丝状物。

③ 选用筒可以转动的簸箕。扫地的同学可以边扫边拎着簸箕，且垃圾不容易掉出来。

（2）免手洗拖把类

使用拖把后，拖把头上会有很多污垢和细菌，传统拖把需要用手去拧干水，而采用免手洗拖把可以有效解决上述问题。

① 布条旋拧式免手洗拖把。通过手动旋转拖把，达到拧干拖把头的目的。

② 胶棉挤压式免手洗拖把。通过挤压吸水的胶棉拖把头，以达到有效清洁的目的。

③ 离心旋转拖把。利用离心力将拖把头的水甩干，兼具水桶作用。

（3）高楼外层玻璃擦类

① 两杆外擦型。运用杠杆原理，内外联动。

② 磁力外擦型。运用磁力，内外两个玻璃擦相吸，完成擦玻璃这一工作。

（4）窗户槽清理工具

用专用毛刷来清洁，可以有效清除窗户槽里的灰尘。

（5）捡垃圾手杆

不脏手，轻松捡起垃圾，适合在包干区域进行打扫。

（6）门口除尘垫

进门时踏一踏，可除去脚上的灰尘，降低屋内空气污染。

（7）卫生工具收纳架

① 墙贴式收纳架。

② 杆式收纳架。

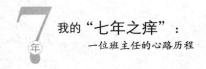

第四课　保盈持泰篇

【课程简介】

本课通过活动，引起学生保洁的强烈意识，也使学生感受到保洁工作的重要性，从而在日常生活中努力做好保洁工作，还大家一个整洁的环境。

【活动背景】

保洁工作做得好，才能使班级环境真正得到改善，这不仅使大家拥有一个整洁舒适的学习场所，也在一定程度上体现了班级全体成员的个人素质。但是在班级管理的实践中，很多班主任往往把精力用在如何组织学生打扫上，却忽视了"保洁"这一后续重要环节，因此很有必要就此问题进行讨论研究。

【活动目的】

通过活动，引起学生做好保洁的强烈意识，也使学生感受到保洁工作的重要性，从而在日常生活中努力做好保洁工作，为大家创造一个良好的环境。

【活动准备】

相关照片、小品。

【活动过程】

（一）情景再现

1. 教师播放照片，其内容为：一是早晨教室整洁的环境，二是展示中午及下午时教室桌椅歪斜、地面脏乱的样子。让学生说说看了照片以后的感受。

2. 请学生表演小品，其内容为：一名学生乱丢垃圾，还振振有词说检查卫生的人已经走了，丢点垃圾没关系。另一名学生看到地面有团废纸，把废纸往前面同桌的桌子底下踢，于是两个人为了这一点废纸争吵起来……

3. 教师让学生说说看了小品后有什么想法，也说说自己看到的类似的不良现象。

（二）值日心声

1. 请值日生谈谈自己是如何打扫卫生的，并感受到他们的辛苦。

2. 交流一下在值日生工作中感人的事迹，主要是突出那些认真负责的值日生为了换来大家整洁的学习环境，付出了很多努力。

（三）讨论交流

1. 组织学生讨论，对于保洁工作，我们哪里做得不够好，可以怎么做。

2. 让学生分小组交流，组长汇总讨论结果，最后全班交流。

（四）有关"保洁公约"

1. 汇总每个小组的讨论结果，把大家都提到的措施提炼出来，形成本班"保洁公约"。在公约中，要明确写出奖惩措施，让大家都能清楚条款内容。

2. 在公约上签上每一名学生的名字，以表明大家的决心。

（五）包"洁"到户

为了让保洁工作真正落到实处，班主任引导学生绘制出本班的保洁明细表，像每一张桌椅、每一块地砖都要有专人承包，并设立"保洁专项奖励"，月底评选"保洁之星"。

【后班会活动】

1. 评选本月的"保洁之星"。根据每一名学生在一个月中保洁方面的表现，民主评选出本月的"保洁之星"，树立榜样。

2. 交流保洁故事。通过故事交流，让大家学习他人的保洁方法，感受他人认真负责的态度和无私奉献的精神。

3. 获奖者发表获奖感言。

4. 班主任总结工作。针对班级实际情况，对涌现出的榜样给予表扬，对存在的问题要明确指出，鼓励大家继续努力，把保洁工作进一步落到实处。

第五课　文以载道篇

【课程简介】

将班级卫生与班级文化相结合，将责任意识与文化传承相融合，将学校文明与家庭文明相统一，那么，学生的自律保洁意识也就成了顺理成章的事情。

【活动背景】

"一屋不扫，何以扫天下？"班级卫生是班级文化的一部分，好的班级卫

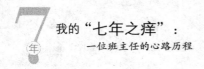
生文化，不仅能使班级面貌整洁美观，而且能让学生养成爱护环境、保持整洁的好习惯。

【活动目的】

通过布置环境文化、激发集体荣誉、进行家校合作等多种方式，用一种文化传承的形式，培养学生的自律意识。

【活动准备】

1. 收集卫生文化相关材料。

2. 奖章、奖状若干。

3. 建立家校合作QQ群。

【活动过程】

（一）让卫生文化宣传标语上墙

召开全体班会，进行墙面设计。

1. 标语设计

（1）一屋不扫，何以扫天下？

（2）手边留情，脚下留净。

（3）教室是我家，保洁靠大家。

（4）丢掉的是品质，捡起的是美德。

（5）尽心才能干净，干净才能静心。

（6）细微之处见公德，举手之间显文明。

（7）教室美如画，受益你我他。

（8）留下学习的足迹，牵走带来的垃圾。

（9）少一些纸片，多一点清洁。尽一份呵护，净一方土地。

（10）轻轻地走，正如你轻轻地来，不留下一片纸屑。

2. 图片设计

结合标语，配上相应的图片，体现班级文化精神。

3. 作品设计

卫生角布置：对教室的照片、制作的诗歌、手抄报等作品展开清洁工作，结合其他装饰，制作属于本班特色的班级卫生文化角。

（二）让卫生文化深入人心

1.教师多角度鼓励

（1）言传身教

班主任是一把标尺，他的一言一行影响着全班学生的一言一行。进入教室时，看到地面上有纸屑，有时弯腰捡起来，或者将其清扫干净，远比指挥学生做更有效。学生们将老师的行为看在眼里，也会有意识地去模仿。

（2）言语鼓励

班主任要做一个善于观察的人，无论是看到值日生认真打扫，或者是看到班内学生主动捡起一张纸片等行为，都可以及时对其进行言语鼓励，为班级营造一个良好的卫生文化宣传氛围。

（3）奖状激励

根据班级情况，可每天、每周、每月进行一次卫生情况总结，用照片呈现、计分表格、组长推荐、组员互荐等形式进行评比，并颁发奖状，用强烈的仪式感增强学生的班级卫生文化意识。

2.激发集体荣誉感

学校对班级卫生很重视，每周或每月均会开展全校卫生评比活动，获胜者将得到流动红旗。实践证明，只要能连续两次以上拿到流动红旗，班主任就要及时给予鼓励，这样一来，班内学生的自豪感就会油然而生，会自发产生捍卫荣誉的意识。一旦学生的集体荣誉感被激发出来，维护班级卫生将会成为学生的自觉行为。

（三）卫生文化传承

好的文化值得传承，班级卫生文化如果能演变成家庭卫生文化，其中的意义将不言而喻。

1.鼓励家长主动参与

班主任可以建一个家校联系群，经常将学生认真打扫教室、获得卫生奖状等的照片发到群里，表扬学生的优秀表现，并鼓励家长也参与其中。

（1）引导表扬鼓励。学生优异的表现值得称赞，引导家长在家进行及时表扬鼓励，激发学生的积极性，融洽家庭氛围。

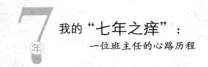

（2）成立志愿小组。鼓励家长们成立志愿小组，利用业余时间带着孩子在学校周边、社区等地方进行义务劳动，将班级卫生文化带出教室，让学生收获做公益善事的成就感。

2.将卫生文化带回家

指导家长制作家庭卫生打卡表格，以积分奖励的形式鼓励孩子在家也能主动参与到家庭劳动中来。一方面能让孩子体会到家长平时既要工作又要做家务的不易；另一方面也能培养孩子的动手能力。将班级卫生文化带进家庭，这不仅仅是为了减轻家长的负担，也能更好地促进家长与孩子之间的互动，将良好的卫生习惯传承下去。

家庭卫生评价表

项目＼评价	自我评价☆	家长评价☆
扫地		
拖地		
洗碗		
洗衣服		
叠衣服		
整理房间		
总评		

第六课　奖罚分明篇

【课程简介】

俗话说："没有规矩，不成方圆。"不管是值日还是检查，班级卫生都需要有一定的衡量标准。合理、有序的班级卫生制度能让卫生值日工作更有方向性。同时，配套的奖惩措施也是十分必要的。

【活动背景】

开学初期是抓好班级卫生常规的关键期。班级卫生值日工作要做到有条不紊，除了岗位的分工明确外，还需要依靠一定的监督制度。因此，让学生了解班级的卫生标准、检查制度以及奖惩措施，就显得十分必要。

【活动目的】

1.通过班级卫生要求，明确卫生检查标准，制定班级卫生检查制度，要责任到人。

2.通过不同形式的奖励，对表现好的值日生要给予充分肯定，以此激发大家的劳动积极性。

3.通过一定的惩罚措施，引起大家对卫生工作的重视，明确卫生值日是一项团队合作任务。

【活动准备】

教师准备：检查制度表上墙、表扬信、奖状、积分卡及印章。

学生准备：召开卫生小组会议。

【活动过程】

第一篇章 检查制度

1.组员自查

在卫生值日活动结束之后，值日生对自己的卫生值日区域进行检查。

2.组长检查

在组员完成值日工作后，组长需要进行一轮全面检查。正副组长可以分工，一个检查包干区，另一个检查教室、走廊区域的卫生。要分工明确、责任到人。针对不足的地方，组长要第一时间告知负责的值日生，并催促其立即完善。

3.班主任检查

上早读之前，班主任可以固定某一时间点，每天开展定时检查。由班主任打分，记录卫生情况。

4.检查标准

根据班级值日卫生要求，进行卫生值日反馈检查。

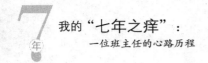
班级卫生要求

地面	地面干净整洁，无纸屑、粉笔、口香糖、污迹、墨水迹等，无垃圾死角
黑板	黑板擦干净，无粉笔灰的痕迹，板槽内无粉笔灰末
讲台	黑板擦、粉笔摆放整齐，保持讲台干净，经常清洗黑板擦，保持黑板擦的干净
走廊	走廊地面干净，无纸屑等垃圾
门窗	门窗要擦干净，窗台无灰尘，窗台不得摆放杯子、矿泉水瓶等物品
矮柜	矮柜上的绿植摆放整齐，不摆放杂物，柜面擦拭干净
垃圾	垃圾桶内的垃圾要及时清理，以免污染教室环境
墙面	对教室的墙面定期进行擦拭，保持清洁
包干区	地面无纸屑、树叶等垃圾，无垃圾死角

第二篇章　奖励制度

1. 奖励个人

每周值日结束后，由卫生组长组织召开小组会议，组员投票选出本周最勤劳、认真的两名值日生。班主任在周五放学时，为其颁发"环保小卫士"的表扬信，以此激励组员更加认真值日。

2. 奖励组长

每学期开展优秀组长的评选活动。班主任观察平时的值日工作，对于认真、负责的卫生组长，期末时由班主任为其颁发"优秀组长"的奖状，以此肯定组长的良好表现。

3. 奖励小组

如本周的卫生没有出现扣分，那么整组值日生可以在积分卡上加盖一颗"☆"章，组长获得两颗"☆"章。有时也可以对整组进行美食奖励，如给每个人发小糖果等。

第三篇章　不足、改进

1. 个人

若因个人原因，导致值日工作没完成，那么，组长需和组员进行沟通；若他（或她）再次出现值日问题，由班主任跟该学生进行单独谈话，且在放学时负责拖地、检查卫生，并扣除一颗"☆"章。

2. 小组

如果在班主任检查和学校检查员的卫生检查过程中被发现卫生问题，且导致班级卫生扣分，那么整组值日生将被扣除一颗"☆"章，组长扣除两颗"☆"章，以表警示。

第七课　果行育德篇

【课程简介】

学生搞卫生不得力的背后可能是思想方面出现了问题，我们可以通过本节班会课，让学生对此有所认识，从而认真对待个人问题和班级的卫生工作，提高个人素质，完善其行为举止。

【活动背景】

根据《2017年教育部德育工作指南》中提出的"以培养学生良好思想品德和健全人格为根本，以促进学生形成良好行为习惯为重点""坚持教育与生产劳动、社会实践相结合"，针对学生不太热爱劳动，在开展卫生时对自己力所能及的事也不认真做的现象和敷衍了事的态度，有必要通过班会课活动，让学生认识到开展卫生工作体现的是一个人做事的严谨态度和良好的道德品质，从而提高大家的相关认识，以提高个人素质，完善行为举止。

【活动目的】

1. 通过对问卷调查的分析和班级平日开展卫生情况资料的呈现，引导学生形成应有的责任态度和正确认知。

2. 通过小品表演、讨论和实景测试，培养学生认真负责的做事态度，帮助其形成处事严谨的良好行为品质。

3. 通过名家名言分享、背诵《中学生守则》、给自己写鼓励信和后班会活动等形式，促使学生内化责任意识，今后不仅在卫生方面，而且在生活、学习中的行为中，也要体现其责任感和良好品质。

【活动准备】

1. 教师准备

设计活动流程，制作活动课件，准备好活动设备。

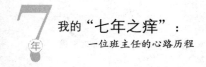
2. 学生准备

全员准备：在正式活动前，完成相关调查问卷，收集关于严谨处事的名家名言。

分析组准备：在老师的帮助下，对全班的问卷结果进行分析、总结。

资料组准备：收集有关开展卫生时体现责任心的相关资料。

表演组准备：注意观察身边同学开展卫生时负责与不负责的事例，将其排演成小品。

【活动过程】

第一篇章　日常表现　暗藏品质

1. 问卷分析

主持人公布调查问卷结果，指出同学们在值日和大扫除时的态度就决定了最终清扫效果，并进一步指明这也体现了大家的相关品质。然后请同学们谈谈自己的感想。

2. 资料呈现

请资料组呈现收集到的平时值日和大扫除时打扫认真负责的事例，如值日生小李对值日工作十分尽责，擦黑板时丝毫不马虎，为了将黑板槽清洁干净，他甚至还自制了工具。请同学们讨论这些资料呈现的故事背后反映出这些同学的什么品质。

第二篇章　改变态度　形成品质

1. 表演小品：《值日》

该小品围绕值日生小明的一天值日而展开情节。该小品共涉及三个角色，每个人的特点如下：主人公小明对自己的值日工作不负责任，是一个纪律观念和劳动观念都较差的人；劳动委员小红是一个以身作则、工作责任心较强的学生；而值日生小刚则是一个对自己的值日工作尽职尽责，却对他人漠不关心的人。

全班讨论：

问题一：你认为这三名同学各自具有的品质对他们的行为有什么样的影响？

问题二：你认为怎样才能改变小明的值日态度？

问题三：反省自身，要如何提升个人品质？

2.实景测试

投影情境展示：

情境一：地面上有果皮、纸屑、泥块等。

情境二：桌面很乱，黑板没擦。

情境三：扫帚、拖把、水桶等杂乱地堆在一起。

主持人引导其他同学说出从以上三个情境中看到了什么，有什么感受，再讨论为什么要每天值日而且轮流当值日生。（引导学生说出：值日是为了让同学们在干净的教室里学习，值日劳动是大家的事，大家都要主动认真做，每一名学生都应借此修炼自身的品质，提升自身的素质）

第三篇章　付诸行动　彰显品质

1.名家名言

让学生们相互分享关于严谨处事的名家名言，再延伸到自身，说说自己今后如何从开展卫生的严谨延伸到处理其他事情的严谨态度，培养自身良好的品质。分小组讨论如何对个人、对家庭、对集体、对社会负起责任，并严谨处事。

2.守则巩固

通过集体诵读《中学生守则》，进一步巩固自我认识的提升。

全班学生对自己今后如何在生活、学习中体现责任意识和良好品质进行思考、讨论，活动结束后给自己写一封鼓励信。愿意分享的学生可在下周的班会课上进行分享。

3.老班总结

水因为有了岸的约束，才会优美地汇成河流。良好的责任品质对于人就像水有了岸一样。它是承担忧患的力量；是缓解纠纷的机智；是宽容别人的度量；是克服斤斤计较，也是能屈能伸的一种大气。它不仅能给予他人以满意和快乐，而且还会使自己更美丽、更高尚。

同学们，你们是祖国的未来，你们任重而道远，唯有拥有责任意识和良好的行为品质，你们才能取得更大的进步，才能拥有更好的发展。就让我们从捡起自己脚下的纸屑开始，从每天的清晨开始，做一个有良好品质的人！脚踏实

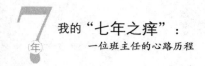
地，拼搏奋斗，相信大家一定可以成为于国有用的栋梁之材！

【后班会活动】

在下周班会课上，除了分享给自己的鼓励信，再举办一个"夸夸你我"的活动。课前通过写纸条的方式，让同学们将一周内班级里因严谨处事而产生良好影响的人和事写下来，由班主任进行口头表扬，对表现突出者可颁发奖状。

附： **班级劳动责任心调查问卷**

亲爱的同学！这是我们主题班会所需有关班级劳动责任心的调查问卷，你的回答将会让你成为最具责任感明星！希望你能怀着责任意识，如实填写，谢谢你的支持与配合。

1. 看见校园的地上有垃圾，一般你会（　　　）。

A. 拾起垃圾放进垃圾箱　　　　　B. 视而不见

C. 心里埋怨扔垃圾的人　　　　　D. 认为是正常现象

2. 对于班级里安排的劳动任务，你认为（　　　）。

A. 乐意完成　　　　　　　　　　B. 没想法

C. 想起来就做　　　　　　　　　D. 想逃避

3. 在你完成自己的劳动任务后，看到有人没完成，你会（　　　）。

A. 伸手相助　　　　　　　　　　B. 等他求助

C. 找别人一起来帮忙　　　　　　D. 默默地走开

4. 对于别人的劳动成果，你一般（　　　）。

A. 珍惜维护　　　　　　　　　　B. 不太在意

C. 根据周围人的反应予以处理　　D. 恶作剧，故意破坏

5. 你认为完成学校或家庭的劳动任务，你（　　　）。

A. 每次都该得到奖励　　　　　　B. 偶尔要有奖励

C. 没想过奖励　　　　　　　　　D. 分内之事，无须奖励

6. 你自己的房间，通常（　　　）。

A. 由父母家人打扫　　　　　　　B. 找钟点工打扫

C. 偶尔自己打扫　　　　　　　　D. 经常自己打扫

7. 大扫除时，你认为分到的任务（　　　）。

A. 很合理　　　　　　　　　　B. 较少，可再增加一些

C. 有些困难，但能独立完成　　D. 太多了，不想做

8. 有人说你们这代人自私，严重缺乏社会责任感，你是否赞同？（　　　）

A. 完全反对　　　　　　　　　B. 部分反对

C. 部分赞同　　　　　　　　　D. 完全赞同

9. 古人云："天下兴亡，匹夫有责。"你认为（　　　）。

A. 热爱祖国是每个公民最基本的道德准则

B. 国不爱我，我何爱国

C. 爱不爱国，个人自由，无须强求

D. 国家观念可淡化

10. 你参加社会公益劳动的方式：（　　　）。

A. 只要有机会就参加，任何形式

B. 参加义工组织

C. 寒、暑假实践

D. 学校组织

感谢你的耐心聆听！希望这首奏鸣曲能够引起大家的共鸣，并在今后的班级卫生工作中起到抛砖引玉的良好作用。

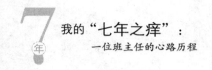
班级卫生制胜宝典

东汉时期有一个人叫陈蕃，他学识渊博，胸怀大志，少年时代发奋读书，以天下为己任。一天，他父亲的一位老朋友薛勤来看他，见他独居的院内杂草丛生、秽物满地，就对他说："你怎么不打扫一下屋子以招待宾客呢？"陈蕃回答："大丈夫处世，当扫天下，安事一屋乎！"薛勤当即反问道："一屋不扫，何以扫天下？"陈蕃听了无言以对，觉得很有道理。从此，他开始注意从身边的小事做起，最终成为一代名臣。

大事都须从小事做起。《弟子规》中说："房室清，墙壁净，几案洁，笔砚正。"意思是说：书房要整理清洁，墙壁要保持干净，读书时，书桌上的笔墨纸砚等文具要放置整齐，不得零乱，触目所及皆是井井有条，才能让人静下心来读书。因此，班级卫生管理的重要性显而易见：可以给学生提供舒适的学习环境，培养学生良好的卫生习惯，提高学生的凝聚力和向心力。

但是，在日常生活中，班级卫生问题却层出不穷。

现象来呈现

无论是老师还是学生，都希望在窗明几净的环境里学习和生活。可是，现实总会出现这样或那样的问题。

（一）个人卫生

1. 部分学生对个人桌凳、课本文具等摆放零乱。

2. 部分学生对个人零食垃圾、面巾纸乱抛乱丢。

3. 部分学生存在乱涂乱画现象，给班级桌面、墙面容貌造成破坏。

4. 部分学生往楼下扔东西。

5. 个别学生不勤洗澡洗头，不勤更换衣服，个人形象欠佳。

（二）班级卫生

1. 基本情况

（1）清洁工具摆放不整齐，如扫帚、簸箕等。

（2）讲台脏乱，积灰现象较严重，黑板擦和粉笔摆放不到位。

（3）三角板和圆规等教学用具摆放零乱。

（4）饮水机周边积水严重。

（5）教室窗户的玻璃擦不干净。

（6）走廊和楼梯两侧的瓷砖擦不到位。

（7）班级卫生区的交界处卫生推脱现象严重。

2. 情景再现

（1）放学后，值日生小马向班主任抱怨：每次扫到小齐座位时，总能发现他的课桌"肚"里及座位周围留有一些果皮纸屑等杂物。第二天早上，班主任找到小齐，教育他要讲究个人卫生，保持座位及周围环境的清洁。他当时答应了，但没过几天，其个人卫生和周边环境又恢复了原状。

（2）早自习开始了，班主任发现讲台上一片杂乱。询问当天负责讲台卫生的小雯，原来她忘记做值日了，直到提醒后，才匆匆把讲台整理好。

（3）午自习前，班主任到班里检查卫生，发现地面上有不少纸屑，询问了组长，组长告诉班主任，值日生确实做过值日了。那为什么地面上还有垃圾呢？原来，有部分学生喜欢撕小纸片玩，玩过以后就随手扔进课桌"肚"里，也不在意纸片是否掉在地上。

这样的情景在班级里时常上演，如果班主任放任不管，那么就会产生"破窗效应"，愈演愈烈，而这些现象又是如何产生的呢？

3. 追本溯源

（1）教师方面的原因

① 重视程度不足。因为班级事务繁多，有些班主任只重视学习，认为卫生差一点也没关系。这样的思想一旦形成，由上至下，由师至生全都不重视，

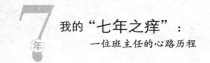

班级卫生自然就会变得一团糟。

②　没有及时提出表扬和批评。有些班主任觉得班级卫生只是一个常规任务。学生做得好，没有及时肯定表扬；做得不好，也没有立即给予纠正指导。因此，学生觉得班级劳动是一件可有可无的事情，自然不会认真对待，效果自然也就不会好。

③　班级制度缺失。良好的班级卫生，需要完善相应的卫生制度。班主任需要有全局统筹意识，如果岗位分工不明确，职位设置不合理，卫生工作无监管，都会导致班级卫生出现问题。

（2）学生方面的原因

①　思想意识层面。对有些学生来说，在家里经常是衣来伸手、饭来张口。因此，在班级中，这些学生也缺乏服务意识，对值日工作不负责任，做得不到位。

②　行为习惯层面。部分学生在轮到自己劳动时就变得缩手缩脚，或者出现拖延、逃避现象，实在躲不掉就马马虎虎一做，缺乏自觉打扫卫生的行为意识。

③　班干部管理层面。以卫生委员为代表的相关班干部是班级卫生工作的主干力量。如果没有对这些主干力量进行岗前培训，他们不明确自己的岗位，督促不到位，检查不尽责，便会出现卫生漏洞，值日生也会偷工减料。

卫生大宝典

班级卫生是一个班级精神文明的外在体现。古人云："一屋不扫，何以扫天下？"这句话说得很有道理。所以，作为班主任应该有几个行之有效的"卫生大宝典"。

宝典一：贯彻执行有制度
（一）分工职责要明确
1.班主任职责
（1）定期组织召开班级专题班会，内容可包括卫生习惯养成、疾病防治常识等。

（2）成立班级卫生检查小组，组织学生策划并采用自查、互查、不定时抽查的方法，进行检查评比，发现问题可以及时处理。

（3）班级卫生打扫中要严格按照"定时、定人、定量、定标准"的方法去做，明确任务到人。

（4）根据卫生检查结果，在班中对做得好的学生进行表扬，对做得差的学生展开批评，切实做好跟进工作。

2. 劳动委员职责

（1）每天要定时检查班级卫生，一旦发现问题，及时督促值日组长安排组员进行整改。

（2）不定时地开展班级卫生检查，责任到人，监督到位，对出现问题的学生，劳动委员应给予提醒、警告、整改、惩罚等。

（3）遇到重大活动或特殊时期，必须最有效提醒值日生或相关人员按规定搞好卫生工作。

3. 值日生职责

（1）每天每个岗位上的值日生需在规定时间内完成既定任务，配合劳动委员及值日生组长的安排。

（2）在值日规定时间以外，协助劳动委员做好个人卫生管理工作，确保教室整体环境的整洁美观。

（3）值日生做完值日工作后一起排队离开（避免个别学生因逗留校园而出现其他问题，让学生们养成团结合作的良好习惯）。

（4）值日生需服从劳动委员的安排，如有不服从命令的，可视情节轻重增加其值日工作量。

（二）班级卫生要维持

1. 班级环境需要依靠大家的维护。垃圾要入桶，不准以"定点投球式"扔垃圾。

2. 每个人要负责好自己的"个人包干区"，不乱扔垃圾，看到垃圾要主动将其捡起来并扔进垃圾桶。

3. 值日生必须按时到校清扫，如无特殊原因，未向老师、劳动委员组长请假，无故不劳动的同学需重新值日。

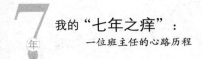

【小贴士】

打扫"神器"助学生一臂之力

神器一之"茶水渣"：黑板、讲台及课桌上的污点可以用毛巾蘸喝剩下的绿茶渣水进行擦洗。

神器二之"废报纸"：把废报纸打湿，撕成碎片后撒在地下，可以很好地黏附灰尘。

神器三之"温盐水"：用温盐水拖地，不仅可以加速水分的蒸发，还具有杀菌、抑菌的作用。

神器四之"旧牙刷"：用旧牙刷蘸牙膏或洗涤剂可刷除卫生死角的污垢，再用水擦拭干净即可。

神器五之"鸡毛掸子"：可伸缩的新型鸡毛掸子可以轻松擦拭天花板和电风扇上的污渍。

宝典二：人人有岗细安排

1. 具体岗位来确定

（1）根据班级已有的卫生情况与现状，设置好具体的岗位。

（2）把班级中所有人分成若干组，也可以根据实际情况分单双周，组长1人不分单双周，共管理两组。

（3）学生以小组为单位，以抽签方式认领岗位来确定自己一学期的卫生岗位，体现公平的原则。

日常值日安排示例：

三（7）班值日安排表

	周一	周二	周三	周四	周五
扫地、排桌椅（一）	**小薰**	小珊	小淇	小莱	小泳
扫地、排桌椅（二）	小鑫	**小歆**	小琪	小雨	小婷
扫地、排桌椅（三）	小兰	小凡	小妮	**小谦**	小承
扫地、排桌椅（四）	小怡	小泽	小芯	小瑶	**小怡**

	周一	周二	周三	周四	周五
扫地、排桌椅（五）	小希	小妍	**小悠**	小阳	小瑜
拖地（一）（二）	小涵	小浩	小乐	小毅	小泽
拖地（三）（四）	小玮	小辙	小毅	小吉	小锋
南北面窗台的窗槽、擦柜子、开关、讲台	小航	小宸	小堂	小昊	小涛
教室前后	小熙	小江	小宇	小函	小恩

备注：名字加粗的为组长。

2.确定岗位定措施

（1）岗前培训，明确操作

岗位既定以后，以组长为首进行小组内培训，班主任老师需亲自示范，具体指导学生应该如何做好每个岗位的相关事宜，如何做到井然有序。

（2）以表指引，认真贯彻

通过小组随机抽签的方式产生值日小组，每个小组要严格按照值日制度去执行，小组组长以两周为单位，从老师示范监督到小组组长示范监督，并认真落实。

（3）分工为先，监督在后

在分工明确后，应成立监督机制，以确保良好的卫生环境。

（4）表扬批评，紧跟其后

班主任要做一个留心人，对于班级里的卫生情况也要做到时刻跟踪，对好与不好的情况及时给予肯定与指正，做到批评与表扬的有机结合，并且建立相关评价体系。

宝典三：奖罚制度要分明

（一）奖励：评先评优大亮相——"岗位明星"评比

学生们对卫生"岗位明星"该做的事情了解得很少，只知道这些岗位就是扫地擦桌子、排桌子、拖地，其他就没什么了。通过评选意在让孩子们更进一

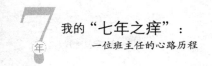

步地了解"岗位明星"的职责，并能很好地履行职责，能在实践中竞争，在竞争中实践。在自评和互评的基础上，评出每周的5名最佳值日生，激发学生乐于为集体服务的热情，引发其做一名卫生"岗位明星"的自豪感。

评选过程：

1. 安排任务明要求

（1）出示卫生岗位人员的职责表，可以图文并茂。

（2）先让学生们自己看"卫生细安排"。

2. 自我对照互考核

（1）根据卫生岗位职责表，看看自己是否符合"岗位明星"的要求。

（2）检查人员邀请小伙伴一起进行检查，并对其工作实效进行陈述。

3. 评选本周"岗位明星"

（1）自荐：介绍自己清除卫生死角的故事，并给自己评分。

（2）推荐：根据孩子们的阐述，推荐卫生"岗位明星"候选人，并说出推荐理由。

（3）民主测评：对照卫生岗位职责表，评出5名本周卫生"岗位明星"，并颁发"小白鸽"图案的胸卡。（下周如果继续保持，"小白鸽"图案的胸卡则不用上交；如果不符合要求，就将之交接给下一名优秀值日生）

4. 你追我赶有动力

将每周评选结果贴到"看谁升得高又高"的光荣榜上。比一比、赛一赛，你追我赶有动力。

评比后续：

1. 颁发喜报，并在班级家长群内报喜。

2. 这5名卫生"岗位明星"分别负责教室桌椅、地面、墙壁、黑板、小绿植的管理工作。

（二）惩罚：个人集体大挑战

1. 如值日工作一次没有认真做好的，由值日负责人当面提出并向班主任申请第二天该值日生重新值日，以培养学生们的责任意识。

2. 当天的值日工作没有在10分钟之内完成的，则需第二天全体成员重新值日，以培养小组成员的团队合作意识。

3. 课桌里零乱或地面经常有垃圾的，由劳动委员提出申请让该值日生参与当天的值日工作。

宝典四：打扫卫生有口诀

口诀一之扫地篇：洒点水滴尘难扬，缝隙过道多留意。一日三扫练耐心，扫帚簸箕摆放齐。

口诀二之拖地篇：拖把甩水要拧干，不怕累来不怕脏。轻俯腰身用力拖，勿留污渍溅壁墙。

口诀三之擦黑板篇：黑板槽里灰尘积，作业区域要小心。放学擦遍湿抹布，及时清洁旧板擦。

口诀四之擦窗户篇：擦窗神器旧报纸，搭配一点清洁剂。提醒少用手去摸，凹槽情况多留意。

口诀五之包干区篇：责任田里练责任，无人监督不偷玩。时常复查多留心，带好工具善保管。

宝典五：妙招大集合

提升劳动效率可以这么做：

卫生奥运会

面对搞卫生速度慢的问题，可以借鉴冬奥会的经验。第一步：告诉班级学生，上一届班级值日生放学后又快又好地完成所有值日工作总计时是15分钟，接着让现在班级的值日生试一试，看看哪一组值日生能够破这个纪录。第二步：让各值日小组相互比拼，于每周一评选上周用时最短的冠军，班主任可以颁发流动金牌激励学生。第三步：班主任就能在速度已经提升的基础上，进一步加大挑战难度，要求速度和效率都达标才能夺得卫生金牌。

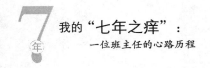
研究清洁速率可以这么做：

小小卫生科学家

每天的卫生工作中，其实蕴含了不少科学道理，如果班主任带领学生探究卫生劳动的科学奥秘，就能激发学生做值日的兴趣，提升卫生工作效率。例如，用什么东西擦窗户最透亮？班主任可以让学生收集资料，带领学生亲自实践，让学生拿不同材质的工具去试试看，探究为什么报纸比湿布擦得更干净。班主任还可以鼓励学生搞一些卫生方面的发明，让学生明白卫生工作不仅要动手，更需要动脑。

劳动经验交流可以这么做：

劳动技能大赛

通过营造全民劳动的班级氛围，可以组织劳动技能大赛，在展示劳动能力的同时还可以分享劳动技巧经验。班主任挑选具体卫生项目作为劳动技能大赛的内容，让学生自主报名参加，给学生几天准备的时间自主探究如何搞好这一卫生项目。比赛时，班主任可以请不参加的学生担任评委，一边打分，一边学习。赛后，班主任不仅要给劳动技能大赛的优胜者颁奖，更要请优胜者分享劳动经验，让其他学生明白怎样做可以更干净。

卫生日常维护可以这么做：

小小桌面美化师

桌面是学生天天接触的地方，由于材质的关系，有的塑料磨砂桌面容易积灰尘，有的木板桌面容易留下划痕，更有的同学喜欢写"到此一游"或是学习鲁迅先生在桌面刻上励志的话语激励自己。那么不用多久，一个教室的桌面就"五花八门"了。最令人尴尬的是，这样的情况往往屡禁不止。开展"桌面美化师"活动，可以有效避免这种情况的发生。请学生带来软玻璃桌布铺在桌面上，软玻璃下面可以进行个性化的装饰，垫上小桌布，再放上课程表、备忘录、学期目标等，简单又不失设计的美感，会让桌面焕然一新。

人人都是劳动者

常熟石梅小学的特级教师王美卿老师在班级卫生管理中很有经验，她的班里不设班级卫生值日生，提倡人人都是劳动者。班主任可以要求学生自己带好清洁工具，如每天清洁自己小包干区的簸箕、抹布等。一到放学时间，同学们就一起整理教室卫生，认认真真地捡拾纸屑，把座位周边的地面抹干净，把桌子对着瓷砖缝排列整齐。每个人都要对自己的包干区负责，还可落实到每一时刻，折一个小容器，把铅笔屑放进去，备一个塑料袋，把纸屑扔进去……日常维护靠每一个人的努力。

"死角消消乐"

卫生死角不可怕，有了有效合理的制度和行之有效的措施，我们要坚持的就是"死角消消乐"。

1. 如何寻找死角

（1）卫生委员检查当天的卫生情况，并及时反馈给值日生。

（2）值日班长将学校检查的扣分情况在班级内通报，指出扣分项。

（3）学生交流讨论，总结班级卫生存在的死角问题。

2. 死角总结

（1）清洁工具摆放不整齐，如扫帚、簸箕等。

（2）讲台脏乱现象，黑板擦和粉笔摆放不整齐，讲台粉笔灰较重。

（3）黑板擦得不干净，粉笔灰堆积现象严重。

（4）三角板和圆规等教学用具摆放零乱。

（5）饮水机周边积水严重。

（6）教室内窗户上的玻璃没擦干净。

（7）地面上有墨迹、口香糖等。

（8）走廊和楼梯两侧的瓷砖擦得不到位。

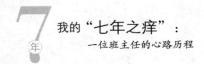
（9）楼梯拐角处的垃圾箱周围经常有垃圾。

（10）班级卫生区交界处卫生推托严重。

3. 如何破除死角

措施一：责任到人，奖罚共约束。

给全班学生划分个人卫生区域，实行个人卫生区域负责制。每一名学生要保持自己座位周边环境卫生的清洁，做到无杂物。同时，全班学生互相监督，卫生存在问题的同学将影响其个人德育的考核，最终影响每学期的荣誉考评。

卫生死角安排表

死角岗位	完成时间	责任人	完成情况	检查人员签名
南窗槽1		小堂		小雨
南窗槽2		小怡		小涵
南窗槽3		小函		小泳
南窗槽4		小兰		小泽
北窗槽1		小宇		小婷
北窗槽2		小淇		小泓
北窗槽3		小凡		小瑶
北窗槽4		小薰		小辙
柜子1组		小玮		小珊
柜子2组		小阳		小承
柜子3组		小天		小江
柜子4组		小芯		小歆
前门		小吉		小毅
后门		小琪		小怡
卫生角（垃圾桶内外及角落的地面墙壁）		小涵		小航
电脑键盘、主机、显示器		小瑜		小悠
电视机		小妮		小锋

死角岗位	完成时间	责任人	完成情况	检查人员签名
喇叭		小浩		小益
屏幕		小鑫		
图书柜		小毅		小乐
课桌"肚"		小希		小谦
讲台的四面及桌面		小皓		小晨
粉笔盒		小泽		

注：责任人和检查人员每半学期轮换一次。

这份表格贴在教室，每两天完成一次，自己觉得合格了，在记录表的完成时间一栏写一下，检查者看到记录，要及时核查，并做好记录。

在一个个卫生死角中，评出一些"岗位明星"，他们是属于认真负责、积极性高的。同时，他们所创建的岗位也是令人尊重的。因此，评选"示范岗"并为这些岗位挂牌。以牌树榜样，以牌促行动。班级刮起"岗位风"，争明星、争示范蔚然成风，班级死角渐渐消失。

措施二：定期大扫除，卫生无死角

班主任针对值日班长反馈的班级死角情况以及卫生检查的扣分项，重点指导学生如何清洁彻底，将卫生做到位。全班学生的大扫除可以使班级卫生的方方面面都得到彻底清洁。

措施三：起初要示范，打扫有方法

在开学初，班主任要利用开学第一周对死角的打扫做示范指导，手把手地教学生如何做好死角清洁工作。

措施四：问题周周结，及时新要求

在每周班会课上，卫生委员要对近几天班级卫生的死角情况做出总结，评选出做得好的学生以及指出问题较大的学生，而且提出改进意见，并对接下来的卫生工作提出要求或建议。

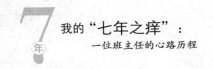

百家大讲坛

集百家之长，为我所用。

（一）名人讲卫生

1. 作家老舍患有腿疾，但每天坚持打扫屋子和院子的卫生，从不乱扔废稿纸，宁愿起身多走几步将其丢进纸篓。

2. 毛泽东虽然很爱抽烟，但很讲卫生，从没乱丢一个烟蒂，甚至烟灰都不掉到地上。

3. 麦当劳原全球执行总裁查理·贝尔先生起初在麦当劳店里负责打扫厕所，摸索出清扫厕所的办法，并在厕所里摆放花草。

（二）医生小贴士

1. 公共场所、人流密集的地方是各类传染病易发之处，其实教室就是这样的地方。因此，搞好班级公共卫生尤为必要，同学们要消除卫生死角，杜绝细菌滋长。

2. 要养成良好的个人卫生习惯，不乱丢乱扔用过的纸巾和吃剩的食物，不做病菌的传播者。

（三）《朱子家训》带来的启示

《朱子家训》中说："黎明即起，洒扫庭除，要内外整洁；既昏便息，关锁门户，必亲自检点。"这句话有两个内容：第一，按时作息，不能黑白颠倒着过日子，应顺应天时；第二，提倡孩子和家人参加家务劳动，"洒扫"是家务劳动中最简单的一种，要放手让孩子去干，这是家教的开始，父母是不能为之代办的。

（四）名师来支招

于洁老师的班级"各司其职"岗位安排表

职务	人数	要求	姓名
擦讲台以及老师坐的凳子	1	每节课后都快速擦一下，自带抹布，将讲台上的相关东西整理一下	

职务	人数	要求	姓名
粉笔盒	1	每节课后都去整理一下，确保粉笔盒里白色粉笔居多，彩色粉笔各一支，用剩的粉笔头要做到及时清理，将粉笔擦放置在指定位置	
黑板槽以及黑板下面的地面	1	每节课后要及时清理粉笔头，掉在地上的粉笔头要及时捡起来，如果已经踩烂的要将之扫干净，每天中午和放学后要清理擦洗黑板槽一次	
整理班级劳动工具	1	随时整理，确保其整齐摆放在指定位置	
教室白板和投影负责人	1	每节课前问一下老师是否要用，放学回家前将其关掉。不允许任何同学在上面玩游戏，白板出现问题要及时通知班主任。课堂上要当好老师的助手	
饮水机	1	每天擦一下，早上开，放学时关，如果饮水机没水了，要通知搬水的同学	
北面4块玻璃	4	里外每天用餐巾纸擦一下，特别要将窗户槽和窗台擦干净	
南面4扇窗	4	不仅要擦里面的玻璃，还要擦窗户槽和窗台，擦窗时必须关窗擦。因窗户容易松动，务必小心，开关不得太用力。只在于洁老师吩咐时擦拭	
排列课桌椅	1	每次下课后检查一下，看到不整齐的课桌椅立即提醒同学排齐，尤其是提醒书包带子不能拖在地上，以免绊倒其他同学	
管伞	1	雨天，同学们的伞都放在一个水桶里，放学提醒同学把伞带走	
财产保管	1	经常巡视教室，观察有无财产损坏，及时通知老师报修，自己准备好一堆抹布，以便同学们在大扫除时使用，用完洗干净后晒干收好	
教室内四面瓷砖墙	4	自带抹布，一周擦两次，时间自定，确保干净	
教室外墙瓷砖擦洗	1	自带抹布，每天擦一遍	
教室前门和后门以及上面的窗户擦洗	2	一周一次，时间自定	
黑板报	4~6	每次接到通知后的两天内完成，粉笔槽内不得留有粉笔，踩了的凳子要擦干净并归位，资料、尺等要收好	

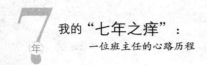

续 表

职务	人数	要求	姓名
数学老师的尺	1	下课后把尺放好，不能丢在讲台上，也不能被同学损坏	
扫地	每天2人	门后等死角不能遗忘，要每天进行打扫，在早读课前完成，在放学后完成	
拖地	每天2人	每日拖地，将拖把归位，在早读课前完成，在放学后完成	
负责倒垃圾的人员	2	以中午12点为分界线，垃圾桶满了就倒，确保垃圾不溢出，并及时更换垃圾袋	
关灯、关门、关电风扇、关窗	1	教室没人时要关灯、关门，天色阴暗时要开灯	
班级总管	2	在早晨值日生完成后由班级总管巡视检查，于下午第一节课前再次进行巡视，最后于下课休息时间巡视保洁工作	
包干区	1	每日打扫并于课间时间保洁四楼到五楼西面的楼梯	
擦黑板	2	确保没有字印，并注意不要粉尘飞扬，用布擦拭	
打扫走廊并拖干净	1	每日打扫并于课间进行保洁	
搬运纯净水	2	确保班级内不断水，一桶放在饮水机上，一桶备用，有空桶要及时归还	
花草养护员	1	在花草的日常管理上，要做到及时浇水，如果花草有死亡，要及时和老师进行沟通，并及时添补绿植	
班级4个角落打扫擦拭工作	1	在学生做眼保健操时，值日班长要走动查看情况	

从于洁老师的"各司其职"岗位中，大家不难发现，卫生细化管理到每一个角落，任务安排细化到每一个人，让"人人有事做，事事有人做"，这才是最好的班级管理之道。

班级卫生靠的是坚持之力，唯有坚持，才能一步步由"扫一屋"向"扫天下"迈进。我们坚信：简单的事情重复做，你就是专家；重复的事情用心做，你就是赢家。

"陶"花盛开，爱满天下

——陶行知"爱的教育"思想在班主任工作中的实践

　　"爱满天下"是陶行知先生毕生追求的教育真谛。"热爱每一个学生"是陶行知先生的人生追求，"为了孩子，甘为骆驼。于人有益，牛马也做。"陶行知先生爱教育、爱学生，称学生为"爱人"，令人感动。作为一位教师，就要学习陶行知先生的这种精神。我认为，爱心和责任感是做好教育工作的关键。多年班主任工作的光荣、艰巨和幸福，使我对陶行知先生"爱的教育"感触极深。

　　由于所在的是一所农村中学，每届刚接手时，班里不少孩子字母大小写分不清，更有的学生连26个字母都不太会写。面对现实，我深知自己身上的担子很重，下面就谈谈自己的一些"行之有效"的做法。

做法一："因为差，更要抓"

　　面对我们"一届不如一届"的学生，我们是就此放弃吗？不！一个字——"抓"，抓习惯、抓成绩，最重要的是要"抓住学生的心"，从"谁能明白我的心"到"心心相印"。只有和学生"心心相印"，才能产生巨大的教育力量，这才是真教育！

　　以下是我在初二上学期期中考试后、期末考试前写给学生的一封信：

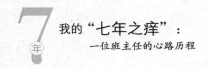

写给初二的你们

转眼又到了期末，是不是觉得一年一眨眼就过去了呢？在过去的一年里，你们有什么感悟？下面就先来听听我的感想吧！

初一刚开学时，我还没与你们见面，那时在澳洲就一直在想，你们会是什么样子呢？一直到国庆放假回来，我看到了期待已久的大家。说实话，比我想象的要好——自习课上，学生们能知道自己要做什么，有几次下午第四节课去开会，回来看到你大多能静下心来上自习，心里有些感动与欣慰。尤其是让大家打扫空教室时，当时大家表现相当棒，至今我仍然印象深刻。我当时在想：这样的班级今后一定会所向披靡。

可是，渐渐地，一些同学的"坏毛病"开始出现——今天谁打架了，明天谁乱扔垃圾了，后天谁……琐事不断，虽说结果不坏，但是有些事情的性质相当恶劣，稍有不慎，后果将不堪设想，可你们有些人却总觉得老师是危言耸听，不以为然。

我之所以给班级起名叫"扬帆起航"班，有两个用意：第一，希望大家扬帆起航，驶向胜利的彼岸。第二，便是看到班级很多同学的名字里有这几个字的音，希望这些同学能为班级带好头。可是几次考试下来，情况似乎不那么理想。上学期期末，你们有了明显的进步，尤其是英语，当时我是非常欣慰的，因为想起了大家一起努力的日日夜夜。可是，本学期期中考试，一切似乎又回到了原点。你们也许不知道，拿到期中分数的我一直难以相信，我只能下班后，一个人在办公室翻阅着每一名同学的英语答题卷，看看大家的问题到底出在哪里，希望能在后半学期有好的改进方法，争取有所突破。大家看，我面对失败是努力找原因，然后寻求进步，可是有些同学失败了，在做什么呢？也许只是难过一下，然后继续投入肥皂剧、QQ、微信、游戏中去了吧。其实，失败并不可怕，关键是失败之后你做了哪些调整和优化！

这学期的多数日子，我的心情就像过山车一样，这让我有点承受不了。初二是一个分水岭，难道你们就甘心这么顽劣下去？每天老师布置的回家作业，有多少人是用心完成的？当你在家随便应付英语作业的时候，你可曾想过，此时的我正在电脑前做着课件，想着明天的课应该怎么上。当你在家玩手机、电脑的时候，你可曾想过，我正在改你的试卷，为你丢掉的分数而心痛。一定要记住，你不是一个人在孤军奋战，还有同学的鼓励，还有老师的用心，还有父母的陪伴，所以不用怕，学习能难到哪里去？

你们是00后，我是80后，显然，我们的世界观、价值观会有一些差异，但是不管时代怎么变，我们的初心不能变。作为学生的你们，就是到学校努力学习的。九年制义务教育，全国乃至全世界的和你们一样大的人谁不在为自己的将来努力学习呢？

期末考试将至，希望你们制订好自己的学习计划，好好利用最后的几天，和家人一起制定考试目标，并将其张贴在家里的墙上，每天勉励自己，坚持就是胜利！

给学生这封信之后，我收到很多学生的回信，这让我很意外。他们把自己内心的很多想法告诉我，真实的文字让我感动不已，他们也在信中表达了自己的决心。后来，我们一起抓紧最后的时间，提高课堂效率，改进方法，狠抓课后查漏补缺的每一分钟。期末考试时，结果非常理想，最重要的是，班级形成了一股前所未有的力量，大家的学习热情异常高涨。

做法二："因为差，更要爱"

第七单元的课文是一首英文诗歌，学完后，我看孩子们意犹未尽，便提议说："诗歌是抒发自己情感的一种非常好的方式，大家不妨一试。"真是"无心插柳柳成荫"，当天下午，张同学就把自己的小诗递给了我，主题是"人与自然"，中心思想是"爱护自然，人人有责"，其英语运用娴熟，诗歌短小精悍。放学时，我在一天的班级总结中给了他一个大大的"赞"，我看到其他同学都向他投去羡慕的眼神。我想：明天肯定有惊喜！

果然，第二天，很多学生都塞给我他们自己写的小诗。有的写在作业纸上，有的学生选了精美的信纸，更有的学生做成了手抄报的样式，画上了和自己主题相关的图片。我像收到宝贝似的，将其一张一张放在抽屉里。终于等到下班有时间看了，我小心翼翼地把它们拿出来，细细地品味。诗歌的主题非常

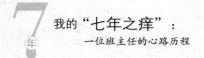

丰富，有歌颂自己最喜欢的季节的，有赞扬自己最好的朋友的，有描写自己的生活状态的，而写得最多的是赞扬老师的，虽然孩子们的语言比较平淡，语法错误很多，但是看得出来，他们都是用了自己最好的语言、最真实的情感，写得相当认真。一名学生在诗歌中这样写道："Teachers are like signs, they tell us the right way."其中，我印象最深的是吴同学写的一首诗，虽然整首诗的语法几乎都是错的，可是却写了满满8行，主要描绘了他最喜欢的季节。吴同学的英语基础非常不好，虽然每天他都准时交作业，但正确率极低，他主动做了我这个"额外的作业"，我为他点"赞"。

我想：不如借着这个机会给孩子们的期末考试打打气吧！我找来两块黑板，叫来几个小帮手，把两个班级学生们写的诗歌贴在上面，并评出了"才华横溢奖""重在参与奖"等奖项。为此，我还专门订购了一些文具作为奖品。当我把两块黑板展示给他们看的时候，他们都高兴极了。可是，我也看到了一些失望和无奈的眼神，我忙说道："没想到这么多同学参加这次活动，看来大家都是小诗人啊！我把大家的诗歌都展示出来，我的手机里也拍照做了备份，我会一直保存着。对于这次没有参加的同学，也不要气馁，也许你的灵感还没有来，等你写出来了再交给我也不迟啊！"

第二天，我发现孩子们默写的正确率大大提高，作业质量也有所改善。没想到，我无意中的点拨竟有了这么好的结果，这让我开始反思自己之前的教学方法。因为学生基础不好，我总是一味地赶进度，希望多给他们做点练习，多巩固知识，却忽视了学生学习的主动性，强行灌输知识最终只会两败俱伤。所以，这种"润物无声"的爱的教育可以充分激发学生的学习热情。有时候，少一些批评和指责，多一些关爱和鼓励，说不定会有不一样的结果。

结束语

作为一名教师，就要学习陶行知先生"捧着一颗心来，不带半根草去"的献身教育的品格，学习他"爱满天下"的高尚情怀，发扬他"因为差，更要抓""因为差，更要爱"的敬业精神和责任感。教书必须育人，育人就要有爱心，榜样的力量是无穷的，陶行知先生的教育品格将激励着每一位教师前行。

新班主任入门"四部曲"

初中阶段是学生思想成熟的关键阶段，也是班主任主导作用最为关键的时刻。所以，班主任工作是一项非常艰巨和辛苦的工作。班主任不但要教好所任教的学科，还要培养一个健康向上的班集体，使班级里的每一名学生都能在多方面得到充分发展。

当然，不付出辛劳和汗水是不会有收获的。特别是在农村中学当好班主任，那更是要付出比他人更多的代价。虽然任务艰巨，但是几经风雨，终于还是会见到彩虹的。因此，我要说："班主任工作，乐在其中。"在此，我将总结一个学期以来的班主任经历，主要分为四个阶段。

第一阶段："喜"

根据学校的安排，我接手了两个班，并做其中一个班的班主任。作为一个刚跨出大学校园的新教师，我内心异常喜悦，因为我终于可以把自己在学校学习的理论知识付诸实践了。

从开学第一天起，我就主动去了解学生的家庭情况、居住地点以及家长的工作情况。通过了解才知道，原来这个班的44名学生中有50%都来自外地，他们的父母在外谋生，多数学生家里只有爷爷奶奶监管，少数学生根本就没有人监管，家长从来没有过问过学生的成绩和在校的表现，很少和学生进行思想交流。这些学生在小学阶段就没有养成良好的学习习惯，再加上家长的不重视，学生对上学比较盲目。因此，对于这些同学的管理就显得尤为重要。

在开学第三周的班会课上，我在全班做了一个不记名的调查。我在黑板上

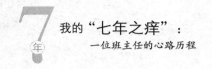

写道：我要表扬×××，因为他/她……我要批评×××，因为他/她……然后让学生每人拿出一张纸，根据这两周的接触，写下自己心目中需要表扬和批评的人。然后，我当着全班学生的面把学生写的所要表扬的人和理由一一读了出来，被表扬的人显然心里很开心。把所有表扬情况读完之后，我总结了一下，并鼓励大家平时多做一些有利于班级和同学的事。自然，受批评的学生中，有很多都是开学我调查出来的一些问题学生。我并没有直接宣读受批评的同学的名字，相信他们一定松了一口气。之后，利用下课之后和接下来的一些课间时间，我分别找到他们进行谈话。这样一方面让他们知道了自己的缺点，另一方面也给他们留了面子。这个不记名投票在一定程度上促进了班级良好班风、学风的形成。刚开学，整个班秩序井然，这让我宽慰不少。

第二阶段："怒"

初中伊始，大多数学生愿意把自己的长处和优点展现出来，而不良习惯在新环境中处于一种自我抑制的隐蔽状态，暂时还不敢冒头。但是，随着学生对初中生活的逐渐适应，他们身上的一些"老毛病"开始出现了。

开学一个月之后，学校进行了全校质量检测。我带的班级在四个班中排名第三，成绩很不理想。考完试后，我发现学生的情绪很不稳定，午自习经常会有学生在四处张望、交头接耳，每周的学校常规评比成绩很不理想，班级开始出现涣散。而我每天都忙于处理班级的一些琐事，身心疲惫。于是，我的愤怒终于在一次晨会课上爆发了。之后的几天，我对整个班级现状进行了仔细的分析。终于，我发现了问题的所在，我没有注重班干部的培养。我想这可能是和我一样的新老师都容易忽视的一个问题。一般新老师的积极性比较高，很多事情都愿意亲力亲为，这就造成了学生的依赖心理，什么事都依靠老师，从而导致学生缺乏自我管理能力。

所以，接下来，我把重心放在培养班干部上。

首先，对班干部严格要求。班干部本身是学生，但与普通学生又有很大区别，所以对班干部的要求更加严格。具体的比如：在穿着上，应保持朴素大方整洁的形象；在言谈举止上，要谈吐文雅，举止文明，时时关心同学；在学习上，要勤奋刻苦，并以自己的努力去影响周围的同学，带动大家形成良好的学风；在纪律上，如果要求普通同学做到的，班干部必须做到；等等。

其次，提高班干部的威信。我召集班干部和课代表召开了班干部会议。会议内容主要围绕三点内容展开：第一，班干部要关心集体，做同学的表率；第二，提高成绩，尤其是学习委员和各科课代表；第三，肯定班干部的长处，树立信心，提高工作热情。

最后，针对班干部的缺点和失误，我积极展开批评与指导，帮助他们积极改正，鼓励其继续努力。

在班干部的积极带领下，整个班级开始回归正常。这让我深刻体会到，要想有效地进行班级管理，就要培养一批素质高、责任心强的班干部，并充分发挥他们的作用，以班干部的管理来带动全班的管理，这样才会达到事半功倍的效果。

第三阶段："哀"

在接下来的日子，让我头疼的就是学困生的问题，班级存在着一批学困生，他们存在着不同的问题。总体分为以下三类：一是行为习惯学困生，俗称"捣蛋生"，这类学困生在学习成绩方面基本不存在问题，但却不能遵照社会行为准则或群体行为规范，从而产生了越轨行为，如说谎、行为粗暴、经常吵架好斗等。二是学习学困生，也叫学习困难生，这类学生一般来说在品德方面没有问题，能够尊敬师长，团结同学，对班级活动也很热心，但由于智力或其他方面的原因导致学习成绩不好。三是行为习惯学习双学困生，他们在行为习惯和学习两个方面都没有达到基本要求，并且在学困生群体中占大多数。

整个学期的一半时间，我都把精力放在他们身上，可是却毫无起色，这让我一时不知所措，内心不免为他们感到悲哀。于是，我开始从身边的老师们和书籍中寻找方法，并采取了以下措施。

1. 爱心打基础

著名教育家陶行知先生说过："真教育是心心相印的活动，唯独从心里发出来的，才能达到心的深处。"教育没有爱，就等于无水之地。爱是教育的基

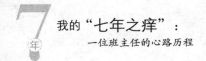

础，没有爱就没有基础。教师爱学生是天职，特别是对于学困生，更要偏爱他们一些，因为他们需要爱的阳光、雨露，更需要我们班主任去呵护其成长。

2. 表扬来巩固

我每天都抽空给一些学习学困生进行辅导，帮助他们解决当天学习中存在的问题，并找时间与他们谈心，鼓励他们积极上进。哈佛大学心理学家威廉·詹姆斯通过研究发现，一个没有收到激励的人，仅能发挥其能力的20%~30%，而当他受到激励时，其能力可以发挥到80%~90%。这就是说，同样一个人，在通过充分激励后，所发挥的作用相当于激励前的3~4倍。而表扬正是一种有效的激励方法。当一个人受到赏识时，他的心里就会有一种成就感，就会对未来充满信心，而一个有信心的人会更积极地投入学习中去。在学校里，我时刻表扬他们的点滴进步，并努力创造表扬机会，在不断的表扬中建立学生的自信心。比如，班级中的王某就属于典型的"双学困生"，他经常不认真完成作业，欺骗家长和老师，学习成绩相当糟糕。当我发现他的这些行为之后，我单独找他谈话，我肯定了他的一些优点，如劳动积极，经常自愿为班级关灯、关窗等，并鼓励他继续发扬自己的优点，尽力去改正自己的缺点。在我不断地鼓励和表扬下，他的作业质量明显提高，学习自然有了很大的进步。

3. 坚持促成效

俗话说："罗马不是一天建成的。"学困生的形成也不是一天两天的事情，而是在很多事情的累积下逐渐形成的。因此，在学困生转化的过程中，期待一两次的成功就能保证学困生永不再犯错，这是一种很不现实的想法。这就要求我们班主任要善于捕捉学困生行为反复中的进步因素，以欣赏的眼光发现他们的优势，并坚持不懈地关爱、鼓励他们，这样才能成功转化他们。

第四阶段："乐"

期末考试后，我总结了班级考试的情况，果然，学困生有了很显著的进步，主要体现在及格率的提高和低分人数的减少上，尤其是我所担任教学的英语学科有了很大的进步，这让我着实感到欣慰。

除了关注学生的学习之外，我还注重培养学生参加班集体活动，我觉得班集体活动有利于增强班级凝聚力和学生的班级认同感。在学校组织的文艺会演中，我鼓励全班学生集体歌唱班歌：《真心英雄》。其理由有两个：一是可以让每一名学生都参与到活动中来，这可以有效调动每一名学生的积极性，让他们知道每个人都是班级的一分子；二是在全校师生面前集体歌唱班歌，可以让学生认真准备，用心唱好班歌，并把班歌里那句"把握生命里的每一分钟，全力以赴我们心中的梦，不经历风雨，怎么见彩虹，没有人能随随便便成功"牢记于心。事实也是如此，我们班的表演不仅得到了评委的一致肯定，还掀起了全班学生对如何珍惜时间的探讨。这不仅在一定程度上影响了班级的整体学风，还让整个班级更有凝聚力和活力。

此外，对于其他的一些班集体活动，如运动会、拔河等，我鼓励学生积极地参与到这些活动中来，使整个班集体成为学生快乐成长的乐园，让每一名学生都能和班集体一同成长、一同发展。

短短的一个学期，我就经历了班主任工作的"喜""怒""哀""乐"。但是，我想说，"乐才是班主任工作的主旋律"，因为亲眼见证学生每天的进步，谁不会乐在其中呢？

我觉得班主任工作最重要的就是要有爱。有人说："没有爱的管教是一种摧残，师生之间的'情'是维系教育的纽带。"一双眼睛盯不住几十名学生，但一颗爱心却可以拴住几十颗心。爱是教育中重要的因素，是一种发自内心的热情，是教师教育学生的前提，也是教师的一种教学艺术和能力。只有拥有爱心、耐心、责任心、宽容心，尊重每一名学生，为学生的一点一滴进步而喜悦，才能使班主任工作轻松而快乐，才能使教师的工作因此而变得伟大。

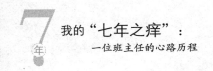
新教师如何管理班级卫生

相信大家都听过"一屋不扫，何以扫天下"的故事，这个故事告诉我们关注细节的重要性。

我第一年工作的时候，有幸去上海听著名教育家魏书生的讲座，有一句话印象特别深："班级管理从最小事做起。"由此，我想到了班级的卫生管理，不管学校的规模大小，班级的卫生管理都是一项常规性的工作，看似很渺小，但意义重大。很难想象一个教室肮脏、垃圾满地的班级如何能有良好的成绩，所以，班级卫生管理的重要性就显而易见了。做好班级卫生管理工作的意义如下：第一，提供学生舒适的学习环境。第二，培养学生良好的卫生习惯。第三，提高学生的凝聚力和向心力。如果我们能把班级的卫生管理好，那就是向优秀班主任迈进了一大步。

那么，究竟如何管理班级卫生呢？工作六年来，我做了很多的探索和尝试，现在就和大家分享一些行之有效的方法和策略，希望能帮助大家少走弯路。我主要分为三个阶段：开学前、学期中和学期末。

开学前：合理安排值日表，各司其职

学生还未来报到，我便决定把教室打扫干净，本想着应该一会儿就能搞定，结果我整整打扫了两个多小时，整个人大汗淋漓。所以说，凡事只有亲身经历，才有发言权。学生打扫卫生也不容易。接下来，我根据学校给我的学生名单安排了值日表，为使每项工作都有人干，让每个人都有工作做，有必要进一步细化卫生值日工作，要做到责任到人、各司其职，谁出问题，谁承担责任。我是这样安排的：

我们班一共52名学生，我将其分成5组，每组10人，一组负责一周的值日。教室地面：2名同学，尽量安排女生，因为女生一般会比较细心，角落里的垃圾也逃不过她们的眼睛。讲台黑板：1名同学，我也安排了女生。倒垃圾：1名同学，我安排了男生，因为男生力气比较大，有时垃圾袋还是比较重的。走廊：2名同学，一名负责扫地，一名负责拖地，因为走廊是一个班级的门面，是领导每天的必经之路。我安排的是以男生为主，因为男生一般一下课就会出去走动，他们很容易发现走廊里有没有垃圾。教室和走廊的墙砖：3名同学，其中两名负责教室里一前一后的墙砖的卫生清洁，一名负责走廊瓷砖的卫生清洁。我安排的都是男生，因为垃圾桶边上的瓷砖很容易脏，其实男生是很不怕脏的，尤其是初一的男生，所以我喜欢把最脏最累的活儿分给他们做，他们会觉得自己受到重用，很是给力。包干区：1名学生。其实，我们班的包干区还挺大，但是我只安排了一名学生。不知道大家做学生时有没有这种经历，如果几名同学被安排到包干区，就是各种聊天，效率很低，而且包干区一般人员走动比较少，垃圾不会很多，一个人足矣。还有一点，我觉得包干区尽量要安排女生来做，我们班的包干区离教室比较远，初一刚开学时，男生既顽皮又好奇心重，如果让一名男生脱离你的视线，那就不知道会有什么后果了。另外，考虑到中午休息时间比较短，尤其到了初三阶段，所以，扫教室、走廊和包干区的人员只要中午检查一下，看到有垃圾捡一下就可以了。

最后还剩下2名同学：一名是临时副班长，主要负责每天及时关电灯、关电风扇以及多媒体的管理工作。另一名是临时劳动委员，主要负责督促所有值日生打扫卫生，并及时和我汇报工作进度。因为班级卫生若没有监督管理者，那么安排再多的值日生，效果也不会太好。

最后，把值日表张贴到墙上就可以了。

学期中：明确搞好卫生的重要性，以身作则

新生入学时，我问学生："你们觉得教室干净吗？"他们拖着调子一起喊："干净。"我告诉他们，教室是我打扫的，希望他们能够保持整洁，他们

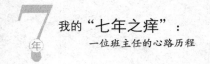

一个劲儿地保证，齐声说道："能！"初一新生刚进入学校，对一切都很好奇，而且他们急于在老师面前表现好的一面，所以接下来你会发现，前两周一切都如此美好。

从第三周开始，有些学生的"老毛病"就开始出现了，劳动委员会来报告说："×××没有倒垃圾就走了，有人没有擦瓷砖……"这时，千万不要慌，你要知道，这些都是很正常的事情。我只是先让劳动委员继续留意，在学生面前自己假装什么都不知道。等到五个组都做了一轮值日，也就是第六周的时候，我给他们开了一个小型主题班会，主题就是"班级卫生，人人有责"。除了小品表演以外，主要内容是表扬和批评。通过横向比较，我表扬了一个月来各组里为班级卫生尽心尽职的学生，然后我把每组表现最好的选为组长，组长和劳动委员就是每学期班级"文明之星"的候选人，还有机会推荐为校级"文明之星"。纵向比较，我奖励了五组里校卫生评比得分最高的一组。一番表扬过后，我便开始批评了，我把平时无意中拍下来的班级脏乱的照片放给他们看，让他们直观地看到教室不干净是什么样子，我问他们："你们能接受在这样的教室上课吗？班级卫生除了要打扫，还需要保持，我们不能只靠每天的值日生，因为'班级卫生，人人有责'，大家都可以为班级做贡献。"另外，我也肯定了临时劳动委员一个月来的工作，将其正式任命为劳动委员。

我张贴了新的值日表，人员都没变，只是增加了组长。为了让各小组形成一种竞争意识，我还制作了一张记录表，记录每周卫生评比得分和名次。我们学校的卫生是由学生会纪检部的学生负责检查和打分的，每周一的"国旗下讲话"时会公布结果。如果是最后一名，那么该组就必须重做一周值日。一开始，有的小组成员就会到我这里诉苦："老师，我们组里有×××，他总是忘了做值日，这样我们组总是最后，大家就要重新扫。"我的回答是："你们是一个团队，一定要有团队合作意识，你们可以想办法帮帮他，抱怨解决不了问题！"事实也证明，很少有小组需要重新扫，即使有一次的话，第二个星期一定会表现得非常好！

虽然针对常规检查已经有办法，但是对于班级的卫生保持工作却很有难度，尤其是有些卫生习惯不太好的学生，经常会把纸屑、零食包装袋扔在教室里，一旦教室某角落有了垃圾不及时清理，就是在向学生暗示：可以随意丢垃圾。所以，我采用的是以身作则的方法。孔子云："其身正，不令而行。"班主任是学生的一面镜子，凡是要求学生做到的，班主任首先要做到。只要一有时间，就应该去留意班级的卫生，见到打扫卫生用具乱放时要将之摆放整齐；上课结束时，可以把粉笔放入粉笔盒；桌子歪了，就顺手替学生拉一拉……当然，班主任自己的办公桌要随时保持整洁。这些细小的行为无声地为学生做出了榜样。因此，当学生看到老师的行动时，也会主动地行动起来，于是，久而久之就改变了不良习惯。教师通过自己的实际行动来影响学生，比起任何说教的形式效果都好，学生的良好卫生习惯也就能逐步养成。

学期末：总结各项优缺点，再接再厉

陶行知先生说："思想决定行动，行动养成习惯，习惯形成品质，品质决定命运。"要想让习惯形成品质，就需要反思和总结。除了平时晨会课、班会课上的总结，学期末一定要做一件事，那就是举办班级表彰大会。很多时候，我们需要进行仪式教育，仪式教育就是要借助美的形式，使内隐的教育要求外显化，并产生持久的影响力。我的班级表彰大会一般定在每学期期末考试最后一天或是休业式上，主要是对一个学期以来班级各项情况进行总结，卫生是其中的一个重要方面。根据记录表的情况，评出"最佳卫生小组"，基于此，再评出班级"文明之星"。在班级家校QQ群中把喜讯告诉家长。这里我要提一下，家校群在班级卫生这个方面作用很大，我经常会把班级打扫得干干净净的照片发给家长看，以起到示范作用。

另外，颁发一些小奖品是一种很不错的方法。因为"班级卫生，人人有责"，所以，每个孩子都有奖品。奖品不一定很昂贵，但一定要抓住他们的心，有时也可以抓住他们的胃。比如，有一次，我的奖品是汉堡包和手抓饼，最佳卫生小组的同学可以优先领取，有选择权。我的奖品尽量做到不重复，可能是一双袜子，可能是一大盒奥利奥，可能是英语绘本，可能是文件袋，光文件袋我就买过几十种，各种颜色、款式……总之，让他们一直心中有期待！当然，奖状也是不能少的。最后，给学生们欣赏一个学期干净整洁的教室。学生

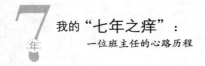

对于自己辛勤劳动的成果和取得的荣誉自然非常珍惜，对下学期的教室卫生就会精益求精，这会收到事半功倍的效果。

当然，也要指出一些缺点，让他们有更多的进步空间。比如，有些同学放学打扫卫生不注重效率，导致回家较晚；有些同学仍需要劳动委员的提醒，自觉性还不够；等等。我鼓励他们继续努力，让每一名学生意识到自己对于班级的责任，那么班级就会变得有条不紊、井然有序。在寒暑假中，我也会布置一些任务，鼓励他们做一些力所能及的事帮助他人，在学生给我的反馈中，也有不少是关于他们帮助小区打扫卫生的事情。

一个班级的卫生状况关系到一个班级的形象。班级卫生的好坏直接反映了一个班主任的管理水平，反映了一个班级是否充满正能量。班主任要认识到开展班级卫生工作的重要性，从小事做起，防微杜渐，时刻消除负能量。班级卫生靠的是天天坚持、月月坚持、年年坚持之力。我一直坚信：简单的事情重复做，你就是专家；重复的事情用心做，你就是赢家。将每一件平凡的事情用心地做好，那就能做出不平凡的事情来，才能一步步由"扫一屋"向"扫天下"迈进！

和时间做朋友

早上6点40分到校迎接学生，然后是早读，上第一节，上第二节，批改两个班的默写和回家作业，打印第二天的默写纸，中午值班，午自习看班，监督学生背书，矫正他们的发音，下午批改课堂作业，随后个别辅导学生，5点30分离校。到家后，和孩子一起吃晚饭，陪她画画、写字、学英语，给她讲故事……这便是一个家有6岁娃的初三班主任兼英语老师开学第一天的日常工作和生活。

的确，每天的日子很忙碌，可是，两个班加上班主任，这是一位英语老师正常的工作量；而批作业、改默写、辅导学生也是一个老师再正常不过的工作。所以，如何在忙碌工作的同时又不影响家庭生活，这是我一直以来的诉求。为此，我开始和时间做朋友，努力经营着这段友谊。

拒绝拖延，立即行动

为了抵御"懒癌"和"拖延症"，我一直以这十二字箴言督促自己：今日事，马上做；明日事，准备做。比如，及时批改学生作业，我要求学生早读之前必须收好作业，这样我就有充足的时间进行批改。在批改时，要求是全批，为了加快速度又不影响正确率，我会利用早上坐车的时间，把当天要批改的作业答案再熟悉一遍，选择题就寻找规律，编一个顺口溜之类，以便学生记住。备课则尽量提前，每天争取有2~3节课的提前量。

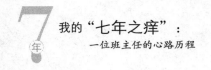

分秒必争，劳逸结合

在看似不大的校园里，分散着不同功能的办公室，而且分布在不同的楼层，有时我需要在几个办公室之间走动，这就更需要分秒必争。比如，现在初三复习，经常需要出默写纸，我会先在办公室出好一份，带好U盘去教务处打印，打印完毕再去油印室复印，一份默写纸的复印大致需要10分钟（我们学校初三只有4个班级），这些时间我会留在油印室批改随身携带的试卷，或者做自己手机上的听力练习，或者看一篇手机上的英语美文，这样可以节省在办公室之间来回走动的时间。总之，不浪费一段一段的小时间。

在校争分夺秒很大程度上是为了在家有更多的时间陪伴家人。每天晚上8点半以前，是我和女儿的亲子时间，我会听她讲述幼儿园里有趣的事情，教她一些常用的英语单词，我女儿最喜欢的是画画和手工，我和她每天至少会完成一幅作品。女儿熟睡之后，我会准备一下明天的上课内容，或者整理一些自己手头零碎的工作。这样的一天虽然很忙，但很充实。上班时，睡眠时间并不多，但是因为心里踏实了，所以，睡眠质量一点也不低。第二天，我又能活力满满了。

学会管理，化繁为简

曾经，一讲到群，我就有一堆负能量。我有44个QQ群，27个微信群，其中绝大多数是工作群。如果手机开着，那就是一天到晚响个不停。后来，我学会了管理自己的群，我把群分为不常用、常用和重要几个级别。不常用的采用免打扰模式，每周五查看一次；常用的每天看一次；重要的每天上午、下午各看一次，且设为置顶群聊，以免漏掉信息。这样，每天看QQ和微信的目的性就会更强，节省了很多时间。

运用科技，提高效率

很多手机App可以大大提高效率。"扫描全能王"可以瞬间完成扫描工作。"讯飞语记"不仅可以记录文字，还可以在不方便打字时，把声音直接转变成文字。"百词斩"可以让我随时随地巩固英语听、说、读、写技能，在课堂上更加游刃有余。"喜马拉雅FM"可以在我参加晚上工作沙龙时，代替我给女儿讲有趣的睡前故事。天猫、京东……为全家提供了新鲜水果、牛奶等日常所需，免去了在超市排队和来回赶路的时间。

总之，和时间做朋友，学会时间的管理，才能在有限的时间里完成比别人多数倍的事情。行动起来吧！

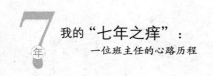

开学的那些事儿

不管对老班主任还是新班主任来说，开学都是一件令人焦虑的事。作为班主任的你，如果想知道如何让开学变得井然有序，为新学期打造一个良好的开端，不妨看看"开学的那些事儿"。

第一件事：亲自打扫教室

于洁老师曾指导我们说："新学期，用干净整洁的教室迎接孩子们的到来，这是一个不错的选择。"

打扫教室可以选择以下几种方式：

1. 班主任亲自打扫教室，亲力亲为，让孩子们感受到老师的用心。

2. 班主任召集上一届的学长学姐一到两名打扫教室，让孩子们感受到来自校友的关爱。

3. 班主任邀请本班学生一到两名打扫教室，为班级的孩子们创造惊喜，也让负责打扫的同学学会为班级做事。

4. 班主任邀请家长一到两名帮助打扫班级教室，让家长体会到孩子们平时打扫教室的不易，也让孩子们感受到家长的支持和关心。

打扫完教室后，对教室进行适当布置，比如，可以在黑板上写一些寄语，诸如：欢迎回归，××班级欢迎你，等等，让孩子们感受到强烈的归属感。

第二件事：开学报到攻略

开学报到有许多琐事，如果不加以整理，就会显得乱糟糟，所以，班主任要善于梳理，不妨写一份报到攻略，通过家校沟通平台发给孩子们，让开学更有仪式感。

以下为学生报到攻略模板，仅供参考。

学生报到攻略模板

同学们，终于要开学了！激动？紧张？焦虑？此刻的你一定是五味杂陈吧。其实作为你们的老师，我也是如此，要告别自然醒，重建生物钟，确实很痛苦，想着开学后那么多的任务和挑战，心里不禁抑郁起来。你是不是也是如此呢？你们要知道，有这些情绪很正常，我们人生的每个阶段都要经历这样的过程，只是随着年龄的增长，你会逐渐强大起来，逐渐学会调整自己。

言归正传，报到要注意什么呢？我给大家拟了一份"报到攻略"，还请大家认真阅读。

No.1 暑假作业完成了吗？还有最后一天了，请抓紧时间，老师一定会每本都检查，还会评选出最佳作业，并进行奖励和展示。另外，暑假作业封面请写上姓名和学号。

No.2 告家长书回执。认真填写好期末学校下发的回执单，我们会评选出最佳回执单，请让家长签好字。

No.3 自行购买学平险，为了你的平安，建议你的父母为你购买。

No.4 想好班级的班名和口号，报到那天要上交。我会进行选择，一经采纳可以获得"最佳创意奖"。

No.5 带好抹布。大家一起打扫班级卫生迎接新学期，这会是一件很有意义的事情。

No.6 带好笔和书包。把新书一本一本地写好名字，并带回家认真预习，上好开学第一课。

No.7 别忘了最后一件事，把暑假里学会做的一道菜带过来给同学和老师们一起品尝。

希望大家抓住开学第一周的黄金时间，给自己一个全新的开始，给老师留下一个美好的印象，让老师看到一个踏实、厚道、微笑的你。

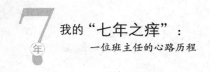

第三件事：家访之路

尽管开学事务千头万绪，但是个别家访仍有必要。目前，家校合作越来越得到教育部门的重视，而家访便是家校合作中非常有效的一个途径。通过家访，教师可以更直接地了解孩子的家庭情况以及家长对孩子的教育方式。但是家访并不是一件容易的事，教师在家访前势必要准备好材料，认真"备好课"；同时，对教师自身也是一种历练和挑战。

以下为家访模板，仅供参考。

家访模板

家访准备：

1.尽量选择周末时间，可提前与孩子的父母联系好。

2.带好鞋套和饮用水、纸笔。

家访目的：

1.直观了解孩子在家的学习和生活情况。

2.发现问题，提出建议，更好地为开学做准备。

家访流程：

（时间尽量控制在半小时内）

1.认真检查孩子的假期作业，给出评价，让孩子的父母了解孩子寒假作业书写是否用心。

2.与孩子沟通，了解假期学习生活，询问孩子下阶段的学习目标和具体行动。

3.与父母沟通，从父母口中了解孩子假期的学习生活，此时，孩子可以回避。了解父母对孩子下一个阶段的学习期望和具体措施。

4.针对所看到和听到的孩子情况有针对性地提出建议。

5.用手机记录下家访中的美好瞬间，并用纸笔记录下孩子和家长现阶段的诉求，这样在开学后可以更好地帮助孩子进步。

第四件事：对初三学生的希望和要求

不管是接新班还是带老班，都要认真观察孩子们第一周在校表现情况，鼓励进步的孩子，帮助退步的孩子，让他们更好地适应新学期、新生活，为新学期开好头、铺好路。

以下是对初三学生的希望和要求，仅供参考。

送给初三学生第一周的话

亲爱的同学们，本学期一共21周的时间。现在，已经用去了二十一分之一啦！是不是很有紧迫感呢？这一个星期下来，你一定筋疲力尽吧，是不是觉得非常忙碌呢？借用这个周末，好好想想，自己究竟在忙些什么？然后，告诉自己，有没有真的去争分夺秒？有没有浪费时间而影响自己的休息呢？

这也意味着我认识大家一周了，在这一周里，我见证了大家的点点滴滴。

我很满意本周大家的学习状态，大多数同学都投入学习中，对初三充满希望，有一定的目标和动力，和老师们一起并肩奋战着。这里我只说了大多数，也就是说，还有的同学没有完全从假期生活中走过来——上学迟到，作业拖沓，书写潦草……正所谓"万事开头难"，请告诉自己：尽力一定能做好！绝对不放弃！

最后，我想说的是安全问题，希望大家时时刻刻注意安全，尤其是在校期间和上下学的途中，遇到问题要及时与老师和父母沟通。学校和教师永远是你坚强的后盾。

良好的开端是成功的一半，加油！May the stars guide your path！

附： **以下是于洁沙龙成员的点评**

陈跻云的点评：

1. 教科书式的报到攻略很全面，像家访准备很周到，连鞋套都想到了，非常细心。

2. 家校联系是老师、家长和孩子沟通的一道桥梁，为新学期的开始做好

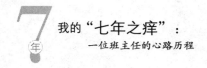

准备。

3.写给学生第一周的话语就像在和学生直接面对面地对话一样，充满着激励和感动。

陈玲的点评：

1.主要介绍了开学的三件事：报到、家访和家校联系单。前两件事情内容较为翔实，但家校联系单的内容相对比较单一化。

2.从"购买学平险""带好鞋套"等细节可以看出这是一位非常细心、严谨的班主任，给人以启发。

3.建议这篇可以加入一些内容，如告诉学生自我调整的方法。

嵇怡的点评：

1.教科书式的介绍很具体，同样可以在全校班主任会上做个交流发言，让其他班主任也可以适时借鉴。

2.作为班主任，可能这些都是我们平时会做的事，所以感觉略少新意，特别是初三学生的新学期，感觉可以安排他们做些力所能及的事情。

蒋金娣的点评：

开学的那些事儿——细致、实用又具有可操作性。

李艳的点评：

1.温馨提示学生报到的准备事宜，给自己设计家访的要点，还有第一周的家校联系。老师，你准备得真多，考虑得真细致。对于初中生已经足矣！

2.写得很生动。

3.无论是准备工作的实操性还是文章的可读性，我都很喜欢。

刘菁的点评：

1.幽默、周到、细致，看完之后被老师的良苦用心感动了。

2. 家访时间的安排可以有计划地贯穿在整个假期里，不一定仅安排在开学的前几天。

刘燕的点评：

1. 这三件事很有条理，都是非常实用的。

2. 家校联系模板都是共性的内容，缺乏针对个体的内容。

宋雪琴的点评：

1. 攻略的形式很能调动学生的积极性。

2. 家校联系单很有借鉴意义。

孙正祥的点评：

1. 考虑比较周全。

2. 开学攻略值得借鉴。

3. 面面俱到不如一点开花。

吴瑞芸的点评：

开学报到攻略值得班主任学习。

徐文强的点评：

1. 报到攻略让我眼前一亮，不难看出这是经验积累多年的老班手笔，相信家长和学生会很乐意对照着做。

2. 家访部分是开学前的内容还是开学后的？需要做进一步说明。

张华的点评：

1. 以开学攻略的形式进行呈现，很不错，考虑周全。

2. 对初三学生的希望和要求以及温馨的话语中可见老师对学生的新期待。

3. 因为新学期是学生又一次的新启程，建议增加一个能激发学生开学积极

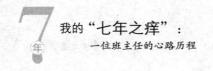

性的仪式，让他们对新学期有新的感觉，新目标产生新动力。

周春红的点评：

1. 开学报到攻略非常实用。

2. 家访的步骤很清晰，有条理。

3. 这三点之间有什么联系？为什么要选取这三点？我可能会更想了解开学第一课怎么上，开学如何帮助学生收心等这些话题。

朱丽君的点评：

1. 开学报到攻略很有意思，一件件小事也做得很详尽，给了孩子参考的依据。

2. 开学前的家访是我们学校必做的工作，也真的很有必要。不仅能了解学生在家的状态，也能给家长带来很多有关家庭教育方面的帮助，更能让学生重视学习和学校生活。

考砸了以后

班级成绩终于出来了，果然，如我所料——大退步。好强的"第六感"！当我看到这"触目惊心"的成绩时，我慌了。

"为什么会这样？"我的脑海里回荡着无数个问号。孩子们已经初三了，可为什么中考临近，他们的状态却越来越差？为什么他们仿佛很努力，成绩却没有起色？

我该如何力挽狂澜？每当这时，我都会请教我的师父于洁老师。她告诉我，这其实并不是我们班级的个例，这是典型的齐加尼克效应——因学习或工作压力导致心理上的紧张状态。初三学生的学习负担重，他们长期处于紧张状态，学习效果就会越来越差。

作为班主任，我必须重视这一效应，并采取有效措施来帮助我的学生走出这段低迷期。

我主要分为以下几个阶段。

第一阶段：分析原因，制定目标

我利用家长会、家访、电话和短信等方式和家长交流，和家长一起帮助孩子分析原因。如果是知识点有漏洞，那就及时向老师和同学请教；如果是熬夜的原因，那就要更合理地利用时间等。同时也希望家长能够高度重视本次考试结果，并积极面对。

鼓励孩子写一篇反思，反思自己现阶段的学习情况，并在反思之后，制定下阶段切实可行的目标。我把班级的板报主题定为"我们的目标"，让每个孩

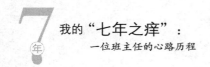

子把目标写好之后张贴到黑板报上，再由宣传委员进行装饰。

没想到，孩子们都非常认真地写好了反思，有的孩子竟洋洋洒洒写了几张纸，让我感动不已。我认真查看了孩子们的目标，并一个一个地找他们了解，帮助他们制定更为合理的目标，以期更好地指导其行动。

第二阶段：采取行动，减负增效

我决定给初三孩子们"减负"。初三学习任务比较重，该如何减负？我想最重要的就是要合理利用时间，提高做事效率。我先从自己所教的英语科目出发，在布置作业时附上所需时间，让孩子们一定要在规定时间内完成。当然，回家作业的监督主要在于家长，所以，我鼓励家长加强监督，一定要有意控制孩子做回家作业的时间，不让孩子做"勤奋的懒惰者"或故意拖拉等。而且回家作业一定要独立完成，让孩子积极思考和动脑，才能在一定程度上缓解孩子的紧张情绪，让他们学得愉快。

一顿训斥、一次教训后，我们更多的还是落实到每天的行动上，家长对孩子要多监督、严要求、勤关心、善鼓励。

第三阶段：表扬激励，关注关心

虽然班级的考试考砸了，但还是有一些孩子是有进步的，所以，我对这些孩子进行了嘉奖，评他们为"进步之星"，鼓励其他同学继续努力。除此之外，每天下班前，通过家校联系平台告知家长当天的"进步之星"都有谁，并写清其进步的理由。我想向家长们传达一个信息：每个孩子都有进步的可能，只要目标适当，行动有力，一定可以超越自己，成为当日的"进步之星"。一段时间下来，几乎所有孩子都被评过"进步之星"。

另外，我还加入了"暖心鸡汤"环节，在平时的试卷和默写纸上增加一些鼓励性的中英文语句，尤其是课文里刚学到的一句："You can do almost anything if you never give up." 通过励志语，让孩子们感受到老师对他们的关注，也在一定程度上缓解了他们的紧张情绪。

下一次考试，结果如何，我无从知晓，但是，只要我们努力过了，我、孩子们、家长们都是收获满满的。对于班主任而言，考砸了未必是坏事。面对齐加尼克效应，我们班主任要做的就是不断完善自己的教育理念，对孩子多学习、多观察、多沟通，尽自己最大的努力，不辜负一切信任，不愧于心！

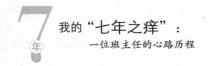

让暑假成为习惯的摇篮

作家巴金曾说："孩子成功教育从好习惯培养开始。"可见，良好的习惯决定着孩子的命运。在行为心理学中，把一个人的新习惯或理念的形成并得以巩固至少需要21天的现象，称为"21天效应"。这样看来，漫长的暑假无疑是孩子习惯养成的黄金时期。家庭是孩子习惯养成的第一课堂，家长是培养孩子习惯的家庭教师，孩子的教育就是培养好习惯的过程，培养好习惯可以培养孩子的健康人格。那么，应该如何利用暑假培养孩子良好的习惯，让孩子的暑假更有意义呢？大家不妨做好以下三种角色。

第一种角色：赏识教育，善做观察者

家长可以做好"观察两步走"：第一步，观察孩子感兴趣的事物。兴趣是最好的老师，兴趣是习惯养成的基石。如果孩子对阅读感兴趣，那么可以把孩子带去环境雅致、品质较高的书店，让孩子自由地挑选，畅快地阅读，再选择一些喜欢的书买回家，放在家中的"阅读角"，可以让孩子随时翻阅。第二步，赏识孩子的兴趣，观察孩子小的进步，并给予适当的赞美。比如，孩子想要在暑假养成锻炼的习惯，一开始往往会"三分钟热度"。家长一定要抓住这"三分钟热度"，及时赏识、鼓励和激励孩子，捕捉孩子主动锻炼时的每一个闪光点，使孩子不断地去重复行为，有信心地朝目标前行，进而渐渐形成一种习惯性的心理驱动力，成为一种行为自觉，最终就会形成良好习惯。暑假里，孩子的用餐习惯也是家长十分在意的。家长要留意孩子一些细小的行为，比如，餐前主动洗手、不浪费粮食，及时给予适当的表扬，这样有助于孩子用餐习惯的养成。

第二种角色：榜样教育，勤做陪伴者

"陪伴是最长情的告白"，暑假里，少了老师的监督，家长的陪伴就显得更重要了。家长的陪伴意味着家长要以身作则，进行榜样教育，家长的榜样效应是最大的。因为孩子的心灵是敏感的，它是为接受一切美好的东西而敞开的。培养孩子阅读习惯时，家长自己就先多阅读，让孩子对阅读产生亲切而向往的感情。对于年龄较小的孩子，可以直接由家长朗诵给孩子听，让孩子在抑扬顿挫的朗读声中渐渐养成良好的阅读习惯。培养孩子的锻炼习惯，那么家长就先做起"锻炼达人"吧，在家里练练瑜伽、做做仰卧起坐、打打乒乓球、跳跳绳，让孩子从"心动"到"身动"，最后全家一起打卡锻炼。用餐时，响应"光盘行动"，珍惜每一粒粮食，孩子一定也会努力跟随。不管是何种形式的陪伴，主要目的都是通过父母的行为感染孩子，让习惯养成在心心相印中得以水到渠成。

第三种角色：仪式教育，乐做指导者

良好的开端是成功的一半。但其实每一个小的开始便是成功的一半。一个很小的初始能量就可能产生一系列的连锁反应，心理学上把这种现象称为"多米诺骨牌效应"。当孩子有了一个良好的开端时，就要做好规划，通过富有仪式感的特色活动，进而实现习惯养成的主体自觉。比如，对于孩子的阅读习惯而言，可以指导孩子做好每天的读书笔记，写好每周的读书心得，参加每月的"读书大作战"，即同家人、读书伙伴之间比比看谁的笔记做得最好、心得写得最深刻。可以采用"美食积分卡"的方式，每天认真完成任务的就可以积1分，积满相应分数就可以享受一道美食。在享受美食的时候，又是培养孩子用餐习惯的大好时机，可以将仪式感植入用餐过程。进行餐前冥想，忆苦思甜；餐前洗手，尊重粮食；餐后整理，珍惜粮食。当孩子自己体验到习惯给自己身心带来的益处时，习惯也就成自然了。

要培养让孩子受益一生的好习惯并非一件易事，但是，有了家长的观察、陪伴和指导，接下来，家长要做的就是耐心等待，慢慢来，轻敲希望，相信我们的孩子定能养成良好的习惯，定能意识到父母就是他们习惯养成的重要他人。

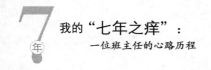

让学生爱上作业

对于初中生而言，要学大大小小7门功课，若每门功课半小时的作业量，那么加起来也要三个多小时。可见，学生花在一门功课上的时间十分有限，这就要求我们的作业必须少而精，这样才能让学生最大限度地利用好宝贵的课后时间。

精心备课，让课堂有量有效

作业的目的是什么？反馈学生当天所学。所以，最关键的还是课堂上学生的学。这就要求老师一定要精心备课，在课堂上争分夺秒，学会把所教内容化繁为简，这样可以争取更多当堂练习的时间，学生回家作业的量自然就少了。比如，我在课堂上会尽量抽出时间让学生把回家作业里大部分的阅读理解和完形填空做完，并当堂讲评，这既避免了第二天学生对文章内容的遗忘，又节约了学生回忆的时间。

精巧分层，让学生各取所需

既然作业是对学生所学知识掌握情况的反馈，那么我们必须考虑到，学生知识的吸收能力各不相同，所以，作业的设计必须精巧分层。对于学习能力较强的，每学期我都会以奖励的形式发给他们一本英语阅读理解和完形填空，给他们增加课外阅读的练习量，适当减少课内知识题；而对于学习能力较弱的同学，我则会让他们多做基础性题型，如单选、单词拼写、翻译句子等，以强化课内知识点。我还会提前一天下发默写内容，以保证第二天一次过关的人数多一些，减少学生的订正次数或重新默写的概率。做作业时，我建议学生要用手表计时，争取在规定时间内完成。

精选形式，让班级锦上添花

作业形式也有很多讲究。为了培养学生学习英语的兴趣，从初一开始，我就有意识地让作业的形式多样化。一开始为了让学生写好字，我的作业是练习书写，最后把全班的优秀作业挑出来，放在走廊里进行展示。

在学习"流行时尚"单元时，我给学生们留的作业是"设计一张海报，描绘你眼中的时尚穿着"。

在教诗歌单元时，我给学生布置了写诗的作业。没想到，他们创意十足，有的学生甚至还做了配图，用简洁的英语大胆写出了自己的感受，俨然一个小诗人。

这些形式的作业不仅让学生收获了满满的成就感，也让我体会到了稳稳的职业幸福感，成为我的独家记忆。

精彩反馈，让家长乐在其中

因为我给学生留的作业不多，所以，学生也愿意去做，他们通常会优先完成我的英语作业。于我而言，也缩短了批改作业的时间，这样我可以有更多的时间统计每天的作业情况，并通过QQ群及时反馈给家长，起到榜样激励的作用。在反馈中，我尽量发掘每一名学生的进步点，以便大多数家长都能在群里找到自己孩子的名字。这样一来，家长也更愿意监督孩子做好我的作业。有了家长的配合，学生做作业的效率提高了，作业质量也提升了。

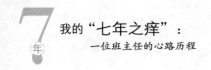

我的工作前三年

有人说："一个教师前三年的工作成绩往往决定他一生的高度！"这句话充分肯定了教师前三年工作的重要性。记得大学毕业时，班主任曾拉着我的手说："小俞，就算在小县城工作也要不断提高自己，这样当机会来的时候才能抓住。"带着她的嘱咐，我迎来了我的第一届学生。

初一：制定目标，我要执行力

学生还未来报到，我便把教室打扫干净，因为我是英语老师，所以我写了一首英文诗贴在教室后面，内容是"努力去实现梦想"，我还张贴了自己制定的几条英文版班规，营造一些英语学习的氛围，让他们觉得原来英语学习无处不在。

初一一年中，我一直和学生强调要有目标意识，切莫做井底之蛙，潜力无极限。所以，对于卫生、成绩和班级参与的各项活动，我都给学生制定了相关目标，并不是让他们和别人比，而是让他们检查自己是否尽力。同时，我告诉学生要有执行力，也就是要有效率。我的口头禅就是"大家要做得又快又好"。"又快又好"表现在方方面面，比如，做值日时，能用15分钟打扫干净的教室绝不用20分钟。我印象最深的一次，是在开学后的第二个月，当时学校需要在一间很久没用的教室内举办一次活动，正好抽到我们班布置。我让我们班的所有男生搬桌椅并且打扫教室，我告诉他们20分钟后去检查，等时间一到，我走去一瞧，他们把教室整理得井井有条，我给了他们一个大大的"赞"，看来一个月的训练效果非常好！我在当月的主题班会上表扬了很多能把事情做得"又快又好"的同学，鼓励其他同学加油赶上！

初一，我们有了一个不错的开端。

初二：坚定步伐，我要凝聚力

都说初二是一个分水岭，面对处于叛逆期的他们，我虽然做好了一些心理准备，但还是有些应接不暇，早恋、厌学等问题开始频频出现。与此同时，我自己经历了人生的两件大事：结婚、生子。在身体条件允许的情况下，我整个孕期都没有减少工作量，依然是两个班的英语班主任。那时，我的情绪不太好，经常因为班级的一些小事而动怒，小题大做。第一次期中考试，我们班的成绩也跌至谷底，不仅平均分落后，校前十名我们班也只有一名学生，而且是第九名。班级成绩分析会上，我难过得一度哽咽。没想到，那天晚上，我收到了一位家长的短信："小俞老师，孩子回来说了，您很难过，孩子也很难过，相信一定会好起来，我们一起努力！"很简单的一个短信却给了当时的我坚持下去的勇气。

我不断反思自己，调整方法，我决定要用自己的行动告诉学生：坚持下去就是胜利。社会实践时，我陪他们一起站军姿、挖红薯、包饺子；元旦时，我们一起写明信片，感谢辛苦的父母；学校文化艺术节上，我们班出了唯一一个全员参与的节目，合唱《真心英雄》，当时书法写得好的学生还自发把里面的歌词写在纸上，最后全班高举歌词一起朗读："把握生命里的每一分钟，全力以赴我们心中的梦，不经历风雨，怎么见彩虹，没有人能随随便便成功。"那时，我觉得我们四十多颗心是凝聚在一起的。

初二，我们跌跌撞撞，但是我们的心一直在一起。

初三：不忘初心，我要战斗力

初三真的是拼搏的一年，老师和学生都在背水一战。在身体条件允许的情况下，我提前两个月结束产假，重新投入紧张的初三教学工作中。为了欢迎我的回归，学生们送了我一个水晶笔筒，上面写着："初三（2）班同学向俞老师致敬！"还在哺乳期的我，每天的时间更少了，所以，我必须和学生一样"又

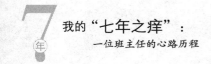

快又好"才行。当然也多亏了我的两个课代表，两年来，她们已经完全知道了我的"套路"，上午第四课默写的话，她们中午吃完饭第一件事就会叫上七八个人到我办公室批默写，以保证大家可以第一时间订正，我也能早点回家。

为了让大家更有战斗力，我优化了班级奖励制度，主要分为两种：第一种是累计奖，根据他们各项完成情况定时颁奖，这个主要由班长做统计和分发奖品，我只负责在网上买奖品。第二种是"出其不意"奖，事先没告诉他们，给他们意外的惊喜。比如，圣诞节时，我会偷偷在他们交来的练习册里塞上一张张贺卡，写上几句励志的话，督促他们奋进！

在百日誓师时，我们一起制定了更为详细的目标；在最后一个月时，我在班级后面贴了大标语：不比智力比努力，不比起步比进步。最后中考，我们班奇迹般地取得了很好的成绩，而且前十名里居然有5名学生是我们班的，真是前所未有。离别之时，我定制了一套纪念品送给他们，上面写的是："可以分开，但不可以流泪；可以飞翔，但不可以忘记！"

今年，已经初中毕业三年的他们参加了高考，6月24日发榜的那天，我的QQ沸腾了，他们一个个向我发来喜报。那一刻，我觉得自己很幸福！我工作的前三年是痛并快乐着的。因为有梦想，所以选择风雨兼程。愿我能不忘初心，继续前行！谢谢！

我还能教学生什么？

　　端午假期一过，班级又回到紧张的期末复习阶段。可是，面对"不堪入目"的假期作业，我又一次怒火中烧，有一种之前所有的复习都付之东流之感。晨会课上，我强忍着心中的怒火，问学生们："我们来学校是为了什么？我们仅仅是为了应付几张试卷吗？"下面鸦雀无声，他们知道我在生气。我顿觉索然，深呼吸一下，大声道："请大家再拿出'晨起自勉文'来读一下……"

　　我所在的学校是一所农村中学，孩子们的父母大多工作忙碌，经常要加班，家长对孩子的监管在很多方面是不到位的。所以，作为班主任，教孩子们知识和做人的道理似乎远远不够，为此，我在以下方面做了一些努力。

要有感恩的心

　　生活中，很多人的感恩往往流于形式，甚至是攀比，一到感恩节、母亲节等节日，才想到要去感恩。所以，初一入学时，除了学习校纪校规，我还带领学生一起学习了"晨起自勉文"，每到晨会课或者一有时间，我就会让孩子们一起读一读、想一想。正所谓"吾日三省吾身"，我想方设法让他们意识到，我们拥有的一点一滴——父母早起精心准备的一顿早饭，老师的一次批评教育，同学的一次善意提醒，没有一样是"应得"的。恰恰相反，一无所有才是人之"应有"，正如我们降生时的模样，因此，一饮一啄、一丝一缕，但凡无功而坐享，都应心怀感恩，各自珍惜。

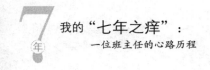

给他们成就感

为了让孩子们获得更多的成就感，我借鉴魏书生老师的班级管理量化方案。我把孩子们每天的表现都记录下来，比如，孩子每参加一次活动，我就会给他加一颗五角星；哪一组值日生做得好，就会给其奖励五角星。学期结束时，我会开表彰大会，公布一学期五角星获得情况，每一名学生都会领到不同层次的奖品。作为英语老师，我把每天的默写和背书情况都记录下来，经常对比每个孩子的进退，对于进步的学生，时常给予一些意外的小奖励；对于退步的孩子，我会单独找他（她），给其定好可以实现的目标，鼓励其努力达成。所有我的这些奖励都尽量不与成绩挂钩。我常常挂在嘴边的话是："过程比结果更重要，付出比收获更宝贵。"只要肯用心，每一个孩子都能体会到成功的喜悦，获得满满的成就感。

学会审美

青春期的孩子大多想把美的一面展现给别人，所以，他们会通过穿衣打扮来吸引别人的目光，却往往忽视了对内在美和周围美的发现。平时，我会把班级的好人好事通过照片记录下来，制作成视频，并且配上音乐和文字，在微班会时放给学生们观看，让他们发现镜头里自己独特的美。家长会上，我也会将其放给家长观看，鼓励家长在家中也积极帮助孩子去发现美、辨别美。

两年来，孩子们一直在努力着，虽然中间有曲折、有反复，但大方向是好的。最近一期的班级板报上，我看到数学课代表写的一句话："初二是能与春天合并同类项的时机，现在抓紧时间，才会有盛夏的果实。"我憧憬着他们明年的6月花开。

星星点灯，照亮我们的路

——记录学生的点滴成长

工作七年来，我一直在思考如何评价考核学生，仅仅是根据学生某次考试的成绩吗？就在我彷徨时，受到魏书生老师"班级量化考核"的启发，对此有了一些朦胧的想法。在这几年的不断实践和完善中，到2017年，已形成了一套简单的考核方法，我称之为"争星计划"。如果你正在为每学期如何评选三好生、优秀生发愁，不妨看看我的做法。

告知考核方案

2017年初，我告诉学生要进行一个"争星计划"，就是把他们在校的方方面面、点点滴滴都记录下来，作为期末评先、评优的依据。大致内容是：参加活动的同学奖励一颗五角星，参加并获奖的学生再奖励一颗五角星。

以下是我们班2017年秋学期的大致记录情况：

序号	姓名	默写（总57次）	背书	空教室整理	家长会	学生会	主题班会	朗诵
1	周同学	46	★★☆	★	★			
2	侯同学	50	★★★		★	★		
3	徐同学	38	★★★	★	★		★	
4	方同学	38	★★☆					★★
……	……	……	……	……	……	……	……	……

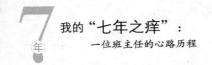

在繁忙的工作中，要抽出时间记录，所以，方案一定要简单、易操作才行。

班委各司其职

具体是这样操作的：各班委在学期初会领到记录表，嘱咐班委记录相关事宜。

宣传委员：板报、书画比赛、创意大赛等。

体育委员：运动会、广播操比赛等。

学习委员：征文、朗诵比赛等。

劳动委员：卫生评比、大扫除等。

副班长：唱歌、跳舞、乐器比赛等。

班长：统筹、核对。

班主任：家长会参与情况、家长做报告情况等。

作为英语老师，我把学科教学也一起融入进去。英语每天有背书和默写任务，所以，我记录下他们每天的默写和背书情况。默写是统计全对次数，我的默写难度不高，每天10个左右，只要学生认真准备应该没问题。背书则是记录下到我这里来背书的先后顺序，第一个背的学生写1，第二个背的学生写2，以此类推。学期结束根据背书的先后顺序和流利程度进行打分，最佳的是三颗星，接下来是二星半，以此划分各档次。

	姓名	默写（总57次）	背书
1	周同学	46	★★☆
2	侯同学	50	★★★
3	徐同学	38	★★★
4	方同学	38	★★☆
……	……	……	……

划分奖励档次

学期结束前两周，我把记录表打印出来张贴在班级公告栏里进行公示，让大家核对，查看是否有遗漏。最后，在休业式上，给予学生一些不同层次的物质和精神奖励。

精神奖励就是拍照留念加上颁发奖状，拍好的照片将作为家长会或主题班会导入视频的素材。

物质奖励就更丰富了，在征求很多同学的建议之后，设置4档奖励（因为我们是4班）：

第一档一般是高大上的奖励："高级学习用品"，如风琴包、精装笔记本等。

第二档一般是一本英语课外阅读书籍、英语阅读理解训练本。

第三档一般是一些软抄本、单词记录本、错题本等。

第四档一般是一些整理试卷的小夹子或者文件袋等。

当然，这些奖励也可以根据具体节日或者时节进行调整，比如，2017年下半年有感恩节和圣诞节，我利用这两个节日对班级同学进行了阶段性奖励，其奖励依据就是平时的记录表，奖品则由班委们讨论决定，我只需负责最后的购买环节。整个过程并不会占用老师太多时间，可行性非常强。

效果及意义

这一年实行了我的"争星计划"之后，效果并不是马上显现，但是坚持下去，慢慢地，我发现孩子们变得有些不一样了。我教的班级现在初三了，他们各方面表现都较之前有了很大的进步。在2017年上半年，我们班被评为"昆山市先进班集体"；下半年，我们班获得了校级"文明班集体"称号。

具体的效果如下：

1.学困生脱"困"

有些学困生在成绩上得到的肯定很少，但是在运动场上，总有他们矫健的身姿，那么，他们在体育运动方面的五角星就会很多。学期结束，他们也能拿到相应的奖励，让他们在校也能收获满满的自信和成就感。这样一来，在学习上他们也会慢慢脱"困"。对比初一刚进校时，班级学困生的进步最大，这些进步也都受到了各科教师的肯定。

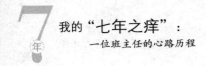

2. 家长会的全"勤"

因为我把家长会中家长的参与情况也纳入了考核，所以，我们班的学生特别希望自己的父母能来参加家长会。当然，我也不会把家长会开成批判大会，主要是在表扬和鼓励的基础上提出现阶段的问题，和家长一起探讨相关解决办法。我的家长会有一个固定环节，就是让家长分享自己的家教心得，这个是家长自愿报名，参与的家长也可以为自己的孩子多争取一颗五角星。

2017年下半年的家长会，我们班家长无一缺席，家长听得也非常认真。

其实，实行"争星计划"只是为了记录下学生的日常点滴，没想到坚持下来后，我们竟收获满满，几乎人人都争取到了光荣的五角星，孩子们似乎更有目标和动力了。这一颗颗五角星就像一盏盏明灯，照亮了孩子们前行的路，尤其是给那些一时迷茫的孩子带来了巨大的动力。